Karl von Hegel

Die Chronik des Dino Compagni

Versuch einer Rettung

Karl von Hegel

Die Chronik des Dino Compagni
Versuch einer Rettung

ISBN/EAN: 9783743610231

Hergestellt in Europa, USA, Kanada, Australien, Japan

Cover: Foto ©Andreas Hilbeck / pixelio.de

Manufactured and distributed by brebook publishing software (www.brebook.com)

Karl von Hegel

Die Chronik des Dino Compagni

DIE CHRONIK

DES

DINO COMPAGNI.

VERSUCH EINER RETTUNG

VON

DR. C. HEGEL

PROFESSOR AN DER UNIVERSITÄT ERLANGEN.

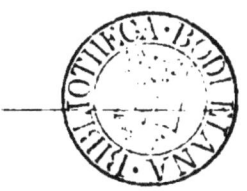

LEIPZIG

VERLAG VON S. HIRZEL.

1875.

VORWORT.

Ein eigenthümliches Verhängniss schwebt über den ältesten Geschichtswerken aus dem italienischen Mittelalter, welche in der Nationalsprache geschrieben sind: eines nach dem anderen wird gegenwärtig durch die in Deutschland geübte wissenschaftliche Kritik für unecht und gefälscht erklärt. Zuerst die Jahr- und Tagebücher (Diurnali) im neapolitanischen Dialekt, welche Matteo von Giovenazzo im Lande Bari seit den letzten Zeiten Kaiser Friedrichs II unter K. Manfred und zu Anfang der Regierung Carls von Anjou, 1247—1268, geschrieben haben will. Sodann die älteste florentinische Chronik vom Anfang der Stadt bis zum J. 1282, als deren Verfasser sich Ricordano Malespini nennt, mit einer Fortsetzung bis 1286 von dessen Neffen Giacotto. Endlich sogar die vielgerühmte Chronik des Dino Compagni, welche die Geschichte von Florenz und andere Zeitgeschichte von 1280 bis 1312 erzählt. Behält die Kritik Recht, so sind diese wichtigen Geschichtsquellen unlauteren Ursprungs, viel später abgefasst und in betrügerischer Absicht den genannten Autoren zugeschrieben: alles was aus ihnen in die neuere Geschichtschreibung übergegangen ist, hat damit seine Bewährung verloren.

Doch wie es mit dem Grunde und dem Rechte dieser Kritik beschaffen ist, das ist eine wohl aufzuwerfende Frage. Der

Zweifel, ihre mächtige Waffe, womit sie alten Glauben erschüttert, wendet sich gegen sie selbst und ihre Entdeckungen zurück. Ist denn unser kritisches Wissen innerhalb des Bereichs jener alten Geschichtsquellen so sicher, dass wir mit ihm nicht auch fehl gehen könnten? Es giebt doch Fälle, an denen die moderne Kritik zu Schanden geworden ist, so dass sie ihre für untrüglich gehaltenen Verdammungsurtheile wieder zurücknehmen musste: wir haben erlebt, dass das Carmen de bello Saxonico und der Ligurinus unerwartet wieder zu ihren verdienten Ehren gekommen sind! Solche Fälle mahnen zur Vorsicht und zur wiederholten Prüfung. Nur zu leicht wird jeder neuesten kritischen Verurtheilung besonders von den jüngeren Forschern lauter Beifall zugerufen. Wenig verlieren die an einem alten Autor, die ihn kaum gekannt, nicht durch längeren Umgang lieb gewonnen haben. Der selbstbewusste Eifer für die Wahrheit geht kalt und geringschätzig über den von der Kritik Geächteten hinweg; der ist abgethan für immer, es ist nicht der Mühe werth sich weiter mit ihm zu beschäftigen; man hüte sich ihn zu citiren!

Nun gedenke ich zwar nicht für Matteo di Giovenazzo oder für die beiden Malespini das Wort zu führen. Denn ich halte die Fälschung der Diurnali ebenso wie die der Malespini'schen Chronik für unzweifelhaft bewiesen. Die heillose Verwirrung in den chronologischen Daten, mehr noch die historischen Unmöglichkeiten, welche Matteo gesehen und erfahren haben will, liessen die Diurnali schon längst als eine Quelle von sehr zweifelhaftem Werth erscheinen, wenngleich noch J. Fr. Böhmer (Regesten 1198—1254 p. LXXVI) in ihr die anziehendsten Einzelheiten zu finden meinte, bis W. Bernhardi (Berlin 1868) die Fälschung aus der Benutzung von Villani, noch mehr der Decaden des Flavius Blondus (gest. 1463) und späterer neapolitanischer und sicilianischer Autoren nachwies. Der leichtfertige neapolitanische Geschichtschreiber Angelo Costanzo, welcher zuerst in seiner Storia di Napoli 1572 auf die Diurnali des Matteo hinwies und sie benutzte, war vermuthlich selbst der Fälscher: literarische Eitelkeit und genealogische Zwecke neapolitanischer Adelsgeschlechter scheinen die Motive der Fälschung gewesen zu sein. Es muss dahin gestellt bleiben, ob es echte Tagebücher von Matteo di Giovenazzo gegeben hat, welche der Fälscher gleichsam als Rahmen benutzte, oder ob er auch die Form der Abfassung und den Autor selbst erfunden hat. Ein Theil des Inhalts lässt sich nicht auf bekannte Quellen zurückführen und scheint doch ebenso wenig im 16. Jahrhundert erfunden zu sein.

Die florentinische Chronik des Ricordano Malespini ist nichts als ein Machwerk groben literarischen Betrugs. Das Verdienst, sie als solches entlarvt zu haben, gebührt Scheffer-Boichorst, welcher durch die Untersuchung der benutzten Quellen, namentlich des Martin von Troppau, die Originalität des Villani gegenüber dem angeblich älteren Malespini mit voller Evidenz aufgezeigt und damit zugleich die Fälschung des letzteren bewiesen hat. (Historische Zeitschrift 1870. Florentinische Studien 1874.) Die Absicht der Fälschung giebt sich deutlich in den Einschaltungen zu erkennen, welche den Ruhm der alten Adelsgeschlechter von Florenz im höchsten Ton der Bewunderung verkündigen. Die Istoria Fiorentina ist eine Adelschronik im Gegensatz zu der bürgerlichen des ehrlichen Giovanni Villani, an der sie eine Art von literarischem Raubritterthum begangen hat. Sie ist, wie ich vermuthe, bald nach der definitiven Vertreibung der Grandengeschlechter aus Florenz 1343 in dem Kreise der Verbannten entstanden. Diesen gewährte sie wenigstens die Genugthuung sich in der vergangenen Grösse und Herrlichkeit ihrer Vorfahren zu spiegeln. Sie hat, wie die Handschriften zeigen, vielfache Interpolationen zu Gunsten von Familien erfahren, welche sich gleichfalls darin genannt finden wollten, und hat dadurch eine wahrhafte proteusartige Gestalt angenommen. Der Autor selbst, Ricordano, rühmt sich dem alten Adelsgeschlecht der Malespini entsprossen zu sein, wie seine Gemalin dem der Bonaguisi. Doch wie die Chronik selbst, so scheint auch der Name des Autors erdichtet. Vincenzio Follini, der auf die allerwillkürlichste Weise aus den abweichenden Handschriften einen zwar ziemlich conformen und lesbaren, keineswegs aber kritischen Text hergestellt hat (Firenze 1816), musste eingestehen, dass in dem Stammbaum der Malespini weder ein Ricordano noch ein Bruder Francesco, Vater des Giacotto, sich finden, ja dass der Name Ricordano überhaupt kein Name sei; vielleicht sei dieser nur von den Copisten verschrieben worden und habe eigentlich Guarino, sein Bruder aber Ceffo geheissen.

Man müsse wohl, meint weiter dieser treffliche Commentator, die Existenz der Geschichtschreiber Ricordano und Giacotto Malespini annehmen, wenn man nicht die ganze Geschichte, die unter ihrem Namen geht, für apokryph halten wolle, wozu er bemerkt, dass allerdings manche, wie namentlich Lionardo Salviati, starke Zweifel gegen die Echtheit derselben gehegt hätten. Gegen solche Zweifler verspricht er zum Schluss seiner Vorrede den Beweis der Echtheit zu führen. Dieser Beweis ist jedoch unterblieben, weil der Zweifel von selbst wieder verstummte. Seitdem stand der Glaube an Ricordano Malespini so unerschütterlich fest, dass noch Busson in seiner Schrift über die Istoria Fiorentina (1869) deren Benutzung durch Dante wie durch Villani annahm, wiewohl die von ihm zuerst angestellte Quellenuntersuchung die Entdeckung der Fälschung nahe genug legte. Als hierauf Scheffer-Boichorst den Malespini als Fälschung nachwies, wurde seine in Deutschland mit ungetheiltem Beifall aufgenommene Kritik in Italien kaum der Beachtung gewürdigt, bis die im vergangenen Jahr erschienenen „Florentinischen Studien" den Streit über die Echtheit des Dino Compagni aufregten und damit zugleich die Aufmerksamkeit auf Ricordano Malespini zurücklenkten. Dem Vernehmen nach soll jetzt die Akademie der Crusca eine Commission aus ihrer Mitte ernannt haben, um über die Echtheit der Istoria Fiorentina zu entscheiden.

Für mich und andere ist diese Frage bereits endgültig entschieden. Dennoch reut es mich nicht den Ricordano Malespini in der Geschichte der italienischen Städteverfassung für den Ruhm des alten Adels von Florenz als Zeugen aufgerufen zu haben, denn eben dieser Ruhm ist, wie der Zweck der Fälschung, so das wirklich Historische in der gefälschten Chronik.

Anders stehe ich zu Dino Compagni, mit dem mich alte Jugendfreundschaft verbindet. Für diesen jetzt viel Geschmähten ein Wort der Vertheidigung einzulegen dünkt mich Pflicht, zugleich im Andenken an hochachtbare Historiker, die ihn bewunderten. Ich gestehe, dass ich von vorn herein der Beweisführung einer Kritik widerstrebe, welche bei einem Chronisten des Mittelalters, der über seine Zeit berichtet, ungefähr ebenso viel sichere Kenntniss und Genauigkeit der Angaben verlangt, wie von einem Geschichtschreiber unserer Tage, und welche auf der anderen Seite bei einem Fälscher des 16. oder 17. Jahrhunderts so viel Schlauheit und Kunst in der Benutzung der Quellen voraussetzt, dass es eines ausserordentlichen Aufwandes von Gelehrsamkeit und Scharfsinn bedarf, um ihm auf seinen Schleichwegen nachzuspüren und ihn zu entlarven. Doch es ist meine Absicht, die in ihrer Art meisterhafte Kritik Scheffer-Boichorst's über Dino Compagni von Anfang bis zu Ende zu begleiten, und ich bin so weit entfernt irgend eine Blösse meines alten Freundes Dino verhüllen zu wollen, dass ich vielmehr deren noch einige bisher übersehene aufdecken werde. Um so mehr aber wird mir verstattet sein, auch seine Stärke und seine Vorzüge, von denen dort fast gar nicht die Rede ist, in die andere Wagschale zu legen, damit das schliessliche Urtheil über den Autor, wie es auch ausfallen möge, gleichmässig abgewogen und unparteiisch abgegeben werde.

Erlangen im Juni 1875.

Die Cronaca Fiorentina des Dino Compagni, eine Geschichts- *Ansicht*
erzählung der von dem Autor erlebten Ereignisse in der Zeit von *über D. C.*
1280—1312, ist seit ihrem ersten Erscheinen in der Sammlung
der italienischen Scriptores von Muratori, T. IX, 1726, als eines
der bedeutendsten historischen Meisterwerke aus dem Mittelalter,
nicht bloss in Italien, sondern von der gesammten literarischen
Welt anerkannt und oft gerühmt worden. Schon Muratori, un-
streitig bis auf den heutigen Tag der grösste Kenner des italienischen Mittelalters, stellte Compagni's Chronik den Commenta-
rien des Julius Cäsar an die Seite, als ein Werk auf welches
Florenz stolz sein dürfe, welches die Malespini und Villani über-
treffe, durch Eleganz und Reinheit des Stils seinem Autor den
Rang unter den vorzüglichen Vätern der italienischen Sprache
zuweise.[1])

Diesem Preise Muratori's sind die Späteren, fast ohne Aus-
nahme, mit noch gesteigertem Ton der Bewunderung gefolgt.
Die Italiener, welche vorzugsweise die Geschichte und Literatur
des 14. Jahrhunderts oder des Trecento, wie man in Italien sagt,
studiert haben und deren Urtheil bis vor kurzem am meisten bei
ihren Landsleuten gegolten hat: Giordani, Ambrosoli, Trucchi,
Balbo, Tosti, Vannucci, um nur Einige zu nennen, stellen den
Dino Compagni über alle anderen gleichzeitigen Historiker, nennen ihn den italienischen Sallust und erschöpfen sich in Ausdrücken des Lobes über die ursprüngliche Schönheit seiner Sprache,
über die gedrungene Kürze und Kraft seines Stils, über die er-
greifende Wahrheit seiner Erzählung.[2])

---

[1]) Praefatio T. IX, 466.
[2]) S. die Zusammenstellung der Urtheile bei K. Hillebrand, Dino
Compagni. 1862. p. 271—277. P. Fanfani hat bei aller seiner Belesen-

Und mit den Italienern um die Wette haben unsere deutschen Historiker den Ruhm des grossen florentinischen Chronisten verkündigt. Was kann man in der That noch mehr überbietend von ihm sagen, als Schlosser in der Geschichte des 14. Jahrhunderts, wo er „den Geschichtschreiber Dino Compagni und den Dichter Dante die beiden kräftigsten und grössten Schriftsteller des Mittelalters" nennt, „die einzigen unter den Neueren, die sowohl durch Charakter, als durch Genie einen Platz neben den grössten unter den Griechen verdienen"?[1])

Mit dem Urtheil Schlossers stimmen in weiterer Ausführung Gervinus und Dönniges überein: der erstere, indem er den Compagni mit Thucydides und Machiavelli vergleicht und ihn weit über Villani, den blossen Sammler und gutmüthigen Neutralen, stellt, der letztere, wenn er die hohe Geistesverwandtschaft zwischen den Zeitgenossen Compagni und Dante aufzeigt.[2])

Es ist unnöthig noch andere Zeugnisse für die Vortrefflichkeit der florentinischen Chronik aus der fremdländischen Lite-

---

heit in der modernen italienischen Literatur nur zwei ungünstige Urtheile aufzubringen vermocht, welche in seiner Zeitschrift „il Borghini" No. 11, Dec. 1874, citiert sind: das eine von Domenico Manni, dem Herausgeber der Chronik (1728), welcher dem Compagni parteiischen Gibellinismus vorwirft, das andere von Lorenzo Pignotti in der Storia di Toscana (1813), welcher sich über die moralischen Declamationen desselben ärgert und von ihm sagt, er sei mehr zum Missionar als zum Staatsmann geschaffen gewesen. Man begreift, dass der Verfasser der „Anatomie des Herzens einer galanten Dame" an Compagni's ernster Moral wenig Geschmack fand; und auf sein historisches Urtheil wird niemand Gewicht legen, der seine oberflächliche Geschichte von Toscana bis zum Principat kennt und sonst von ihm weiss, dass er Professor der Medicin und Physik, Dichter und angenehmer Schöngeist, endlich Historiograph am Hof des Napoleonischen Königreichs Etrurien war. Was aber Manni angeht, so stellt doch auch dieser Compagni's Chronik, trotz dem Gibellinismus welchen der Autor mit Dante theilt, so hoch, dass er sie zu den vorzüglichsten Geschichtswerken Italiens zählt, che alla sua terra ancor fa onor col dir pulito e bello.

[1]) S. 35, vergl. Schlosser's Universalgeschichte der neueren Zeit I, 441.
[2]) Gervinus, Florentinische Historiographie, 1833, S. 10; W. Dönniges, Kritik der Quellen für die Geschichte Heinrichs VII S. 132.

ratur anzuführen. Noch zuletzt hat der deutsche Literarhistoriker K. Hillebrand in einem französich geschriebenen Buch über Dino Compagni und seine Zeit dem grossen florentinischen Chronisten, dessen Vorzüge er in das hellste Licht stellt, seinen Platz zwischen Herodot und Thucydides angewiesen.[1])

Bei dieser allgemeinen hohen Werthschätzung der Chronik ist es begreiflich, dass man dieselbe als die wichtigste und zuverlässigste Quelle der florentinischen Geschichte zu Dante's Zeit betrachtete und in den neueren historischen Darstellungen am meisten zu Grunde legte.

So ist dies, um hier nur die beiden bedeutendsten florentinischen Historiker aus der Gegenwart zu nennen, von dem nun schon verstorbenen vortrefflichen Francesco Bonaini in seiner Geschichte der Guelfenpartei von Florenz geschehen, worin Compagni's Beschreibung von der Schlacht bei Campaldino (1289) als die glaubwürdigste Erzählung von „unaussprechlicher Schönheit" wörtlich aufgenommen ist[2]), und wiederum von Gino Capponi, dem ehrwürdigen Veteran unter den noch lebenden Staatsmännern von Toscana, in seinem vor kurzem erschienenen bedeutenden Werk über die Geschichte der Republik seiner Vaterstadt Florenz.[3])

Der historische Inhalt von Dino's Chronik ist somit Gemeingut der neueren Geschichtschreibung geworden; sie wird in den italienischen Schulen gelesen, als eines der classischen Meisterwerke, welche dazu dienen sollen, den Geist der Jugend zu bilden, in ihr die sittliche und nationale Gesinnung zu stärken.

Auch die grosse Zahl der Ausgaben beweist, dass Dino Compagni zu den verbreitetsten und am meisten gelesenen Autoren

Ausgaben.

---

[1]) Dino, qui fut en même temps le premier historien et le premier prosateur de l'Italie, p. 268. Ce brave bourgeois — fut un des plus grands orateurs de son temps, poète apprécié, homme d'état distingué, p. 363 cf. p. 351.
[2]) Giornale storico degli archivi Toscani IV, 30.
[3]) Storia della repubblica di Firenze, II T. Fir. Barbéra 1875. Von Gino Capponi's Urtheil über D. C. wird weiter unten die Rede sein.

in Italien gehört. Schon zwei Jahre nach Muratori veranstaltete Domenico M. Manni (1728) eine neue Ausgabe für den Handgebrauch, wobei er sich nicht bloss mit einem Abdruck nach der editio princeps begnügte, sondern auf die älteste Handschrift in der Strozziana zurückging und noch 7 andere hinzuzog.[1]) Die meisten, wenn nicht alle, folgenden sind nichts als Abdrücke nach Muratori und Manni, oft willkürlich im Text verbessert und bisweilen mit einem dürftigen, wenig brauchbaren Commentar versehen, wie beispielsweise die von Antonio Benci (Livorno 1830).[2]) Alle früheren übertrifft die seit 1870 begonnene, aber bis heute noch nicht vollendete Ausgabe von Isidoro Del Lungo (Milano, A. Bettoni), welche auf einer neuen Revision des Textes nach den Handschriften beruht und worin zu dem verbesserten Text ein trefflicher sachlicher und sprachlicher Commentar hinzugefügt ist.[3]) Doch vermisst man leider auch hier zumeist die Angabe der abweichenden Lesarten der einzelnen Handschriften unter dem Text, um den Benutzer des Werks in Stand zu setzen, selbst über die Beschaffenheit der Handschriften und die richtige Lesung des Textes zu urtheilen, während man nun allein an das Urtheil des Herausgebers gebunden ist, welcher beliebig bald die Lesung der Mehrzahl, bald die der Minderzahl der Handschriften vorzieht, ja sogar gegen alle den Text verbessert, um die vermeintlichen Fehler der Copisten auszumerzen und den Autor gegen jeden Zweifel in Bezug auf seine Glaubwürdigkeit sicher zu stellen.

---

[1]) So versichert Manni im Vorwort, doch sind nirgends Varianten zum Text gegeben und die Textesbehandlung ist ziemlich willkürlich. So fehlt z. B. mehreres bei dem Tode von Bonifacius VIII gegen Ende des 2. Buchs, was vermuthlich bloss aus Rücksicht gegen den heiligen Stuhl weggefallen ist.

[2]) Ich kenne nicht die neueste: Coi commenti e note di C. E. Melanotte. Torino 1872.

[3]) Es fehlt noch das dritte Buch der Chronik nebst der Einleitung und einem urkundlichen Anhang. Dem Vernehmen nach ist gegenwärtig ein vollständiger Neudruck bei einer Verlagsbuchhandlung in Florenz im Werk.

Bei aller Bewunderung für Compagni's historisches Meister- *Zweifel an der* werk hat man doch bisher keineswegs übersehen, dass in dem- *Echtheit.* selben historische Irrthümer, auffallende Lücken, selbst Widersprüche vorkommen, welche nicht immer zu beseitigen oder zu erklären sind. Indessen ist der Zweifel an der Echtheit der Chronik zuerst hauptsächlich aus sprachlichen Gründen erhoben worden.

Ein bekannter italienischer Sprachforscher, Pietro Fanfani, *Pietro Fan-* veröffentlichte schon im Jahre 1858 in der Zeitschrift: Il Piovano *fani.* Arlotto einen Artikel, worin er allerlei Bedenken vorbrachte, theils äusserliche, wie das späte Bekanntwerden der Chronik und des Autors selbst, das Fehlen älterer Handschriften, theils besondere sprachliche, wie den Gebrauch der Pronominalform lui für egli, des Wortes armata für Heer, statt oste oder esercito, den grossen Abstand von der kräftigen gedrungenen Prosa der Chronik gegenüber den dem Compagni zugeschriebenen Dichtungen, und damit die Vermuthung begründete, dass das Geschichtswerk Dino's wohl erst um 1500 verfasst worden sei.[1]) Die paradoxe Ansicht, in scherzhafter Einkleidung vorgetragen, scheint damals in Italien nur wenig Anklang gefunden zu haben, und Fanfani's Artikel wäre ausserhalb Italiens gewiss ebenso unbekannt geblieben, wie die Zeitschrift, worin er zu lesen war, wenn nicht K. Hillebrand in einem Anhang seines Buchs wieder auf ihn aufmerksam gemacht und — wiewohl er es für eine sonderbare Zumuthung erklärte, die Echtheit eines Geschichtswerkes, welche seit Jahrhunderten von niemand bezweifelt worden, erst noch beweisen zu sollen — denselben einer ernsthaften Widerlegung gewürdigt hätte.[2])

Nichts desto weniger wurde die Frage über die Echtheit *Scheffer-* des Dino Compagni wieder aufgenommen von Dr. Scheffer- *Boichorst.* Boichorst, welcher am Schluss seiner meisterhaften Ausführung über die Unechtheit des Ricordano Malespini auch jenen andern

---

[1]) Der Artikel ist wieder abgedruckt in dem neuen Buch von P. Fanfani, Dino Compagni vendicato. Milano. Carrara. 1875, p. 215 ff.
[2]) A. a. O. p. 411. Sur l'authenticité de la Cronaca.

Vater der italienischen Geschichtsschreibung mit dem gleichen Schicksal der Hinrichtung durch das scharfe Schwert seiner rücksichtslosen Kritik bedrohte.[1])

G. Grion. Hierdurch fand sich sofort ein anderer Italiener, Giusto Grion in Verona, angetrieben, dem deutschen Gelehrten in aller Eile mit der Beweisführung von der Unechtheit des Dino zuvorzukommen, um, wie er sich patriotisch zartfühlend ausdrückte, dem Vater der italienischen Geschichtsschreibung wenigstens ein Grab in heimatlicher Erde zu bereiten. Seine Schrift will, wie schon der Titel besagt: La cronaca Dino Compagni opera di Anton Francesco Doni. Verona (1871), nicht bloss die Fälschung des Dino, sondern auch die Autorschaft des Doni (geb. zu Florenz 1513, gest. zu Monselice bei Padua 1574) glauben machen. Zur Empfehlung dieser letzteren Hypothese dient unter Anderem der heitere Klingklang Don—Din, Din—Don, der wenigstens dem witzigen Erfinder ganz ausnehmend gefällt. Man macht aber bei Herrn Grion und seiner Schrift aufs neue die Erfahrung, wie leicht die heissblütigen Südländer von einem Extrem in das andere verfallen. Der bisher über Gebühr gepriesene Vater der italienischen Geschichtschreibung, ebenbürtig an Geist und Stil dem grossen Dante, ein italienischer Sallust und mehr als dieser, heisst nun plötzlich ein Aufschneider, Lügner und Dummkopf, und die bisher als classisches Geschichtswerk geltende Chronik erfährt die nicht geringere Beschimpfung, als blosses Machwerk eines so erbärmlichen Possenreissers und nichtswürdigen Viel- und Lohnschreibers, wie jener Antonfrancesco Doni war, ausgegeben zu werden; und das zwar bloss aus dem Grunde, weil besagter Doni gelegentlich auch einmal sich mit älterer florentinischer Literatur beschäftigte und in einer Sammlung älterer Prosa vom Jahre 1547 die dem Compagni zugeschriebene Anrede an Papst Johann XXII veröffentlichte. Einmal im Zuge solcher vernichtenden Entdeckungen wirft der italienische Kritiker, vom heiligen Eifer der Wahrheit ergriffen, gelegentlich

---

[1]) „Die florentinische Geschichte der Malespini eine Fälschung" in v. Sybel's historischer Zeitschrift, Jahrg. 1870 Bd. 2.

auch die nüchterne und anspruchslose Chronik des Paolino Pieri aus dem Tempel der echten florentinischen Geschichtschreibung hinaus, nicht zu reden von den Istorie Pistolesi, welche er als Fälschung vom J. 1578 aufdeckt. Solchen Abenteuerlichkeiten und zahlreichen handgreiflichen Missverständnissen gegenüber ist es beinahe ärgerlich, auf der anderen Seite doch anerkennen zu müssen, dass G. Grion in seiner Schrift wirklich eine Reihe erheblicher, sowohl sprachlicher als sachlicher, Bedenken gegen die Echtheit des Dino Compagni erhoben und noch dazu mit einigen wichtigen Urkundenbelegen versehen hat, auf die ich weiterhin zurückkommen will.

Die von Scheffer-Boichorst angekündigte Untersuchung ist in seinen „Florentiner Studien" (Leipzig, Hirzel, 1874) erschienen, worin der Hauptabschnitt II. unter der Aufschrift: „die Chronik des Dino Compagni eine Fälschung" das Ergebniss zum voraus ausspricht. Ausgerüstet mit einem weitschichtigen, zum Theil nur schwer erreichbaren Quellenmaterial prüft der bewährte deutsche Geschichtsforscher die Chronik lediglich nach ihrem historischen Gehalt und Werth, weist darin eine Reihe von offenbar falschen Angaben und Daten auf, um so auffallender bei Ereignissen und Handlungen, welche Compagni nicht bloss als Augenzeuge miterlebte, bei welchen er als Mitglied der florentinischen Regierung oder der Rathsversammlung der Republik auch mit handelte; sodann eine andere Reihe von wichtigen Thatsachen der Zeitgeschichte von Florenz, welche in der Chronik mit Stillschweigen übergangen sind, obwohl der Autor, wie wir anderweitig wissen, bei mehreren derselben gleichfalls persönlich betheiligt war; ferner nicht wenige Irrthümer aus mangelhafter Kenntniss der Thatsachen und Zustände, namentlich des Rechts und der Verfassung der florentinischen Republik; endlich innere Widersprüche, die sich aus der Vergleichung einiger Stellen ergeben.

Wenn nun schon hieraus zu schliessen ist, dass Compagni die ihm zugeschriebene Chronik unmöglich verfasst haben kann, so war Scheffer-Boichorst auch weiter bemüht, sowohl die Möglichkeit der Fälschung im allgemeinen darzuthun, als auch, wie

Scheffer-Boichorst.

sie wirklich stattgefunden, bei einer Anzahl von Fällen durch den Nachweis von übereinstimmenden Namenreihen und nahezu gleichbedeutenden Sätzen bei Villani und anderen Chronisten aufzuzeigen.

Der erste Eindruck dieser sachlichen Kritik, welche bisweilen den Fälscher gleichsam auf der That ertappt, ihn oft als Lügner verurtheilt, wo er selbst gegen besseres Wissen die Unwahrheit sagt, ihn als gewissenlosen Verleumder brandmarkt, wo er hochgestellte und anscheinend unbescholtene Bürger von Florenz schimpflicher Verbrechen zeiht, — einer Kritik, welche alles was der angebliche Autor, sei es Persönliches von sich in Handlungen und Reden, sei es von anderen sonst nirgends erwähnten Personen und Dingen berichtet, schlechtweg in das luftige Reich der Dichtung verweist, welche mit einem Wort gesagt, das vielgerühmte Geschichtswerk des Compagni als blossen historischen Roman enthüllt — ist geradezu überwältigend. — Lange Zeit bemüht man sich zwar, unter dem Lesen des Scheffer'schen Buchs, den grossen Chronisten gegen seinen unerbittlichen Angreifer, der alles: Personen und Thatsachen, Gesetze und Institutionen der Republik, ja sogar die Oertlichkeiten der Stadt Florenz, besser weiss und kennt, zu vertheidigen und seine Autorschaft zu retten. Nicht immer scheint das Besserwissen auch sicher begründet; sehr unzureichend ist doch noch das bisher bekannt gewordene Quellenmaterial der florentinischen Archive, um mit Gewissheit sagen zu können, ob und wie eine von dem Chronisten erzählte Thatsache stattgefunden habe; man ist gern geneigt, manches Anstössige auf fehlerhafte Abschrift des Textes, der uns nicht im Original vorliegt, zu schieben und mit dem Herausgeber Del Lungo durch freundliche Correctur zu beseitigen. Allein die Beweise der Unechtheit häufen sich Schritt für Schritt, gewinnen im Fortgang immer mehr Kraft, den alten Glauben zu erschüttern, bis man endlich entmuthigt und zugleich beschämt, die stumpf gewordenen Waffen der Vertheidigung vor dem starken Ueberwinder zu strecken sich genöthigt sieht, zerfallen mit dem Autor, „der unser Freund und Lehrer war" und uns nun doch so schmählich hintergangen hat, ausgesöhnt „am Rande seines Grabes" mit dem Kritiker, aus dessen „medusengleichem Antlitz" in dem hochpoetischen Schluss seiner Abhandlung (S. 210) zuletzt doch noch eine, wenn zwar eisige, Thräne des Mitgefühls hervorbricht, um uns durch solchen Beweis seines guten Herzens menschlich wieder aufzurichten! —

Scheffer-Boichorst's Kritik gegen Dino Compagni hat in Deutschland, wie es scheint, ungetheilten Beifall gefunden. Er selbst beruft sich in einem Schreiben an Fanfani auf die Zustimmung der namhaftesten deutschen Geschichtsforscher.[1] *Aufnahme der Kritik.*

O. Hartwig, ein Kenner der florentinischen wie der sicilianischen Geschichte, hat die seinige auch öffentlich in der Jenaer Literaturzeitung und in der Italia von K. Hillebrand kund gegeben, und von der philosophischen Facultät in Bonn ist die Preisaufgabe gestellt, die Unechtheit der Chronik des Dino Compagni, nachdem Scheffer-Boichorst sie historisch bewiesen, auch von Seiten der Sprache zu bestätigen.

Anders in Italien. Dort ist durch die Streitfrage über den viel gepriesenen Chronisten ein gewaltiger Sturm in den literarischen Kreisen aufgeregt worden. Pietro Fanfani, der schon vor Jahren, wie erwähnt, zuerst die Echtheit der Chronik angezweifelt hatte, fand sich durch die Scheffer'sche Schrift ermuthigt, in einer von ihm wieder ins Leben gerufenen Zeitschrift il Borghini[2] seine sprachlichen Untersuchungen über die Chronik weiter zu führen. Hatte er selbst, ein vorzüglicher Kenner des Trecento, früher die Prosa des Dino für schön und ausdrucksvoll erklärt, so stossen ihm nun fast auf jeder Seite der Chronik im Wortgebrauch unerhörte sprachliche Anachronismen auf, so findet er nun hier einen figürlichen Ausdruck abgeschmackt und lächerlich, dort einen Satz unverzeihlich selbst für einen Tertianer, den ganzen Stil und Periodenbau verworren und unlogisch, weit entfernt von der natürlichen Einfachheit des Trecento, und mit einem verächtlichen Fusstritt bedient er den gelegentlich *Streit in Italien. Fanfani.*

---

[1] S. die Zeitschrift il Borghini No. 9. 1. Nov. 1874.
[2] Sie ist seit Juni 1874, monatlich in zwei Nummern, zu Florenz erschienen.

als bestia und pazzo bezeichneten Fälscher wegen seines pathetischen Ausrufs über die Schlechtigkeit der Florentiner und seiner Androhung des kaiserlichen Strafgerichts, wobei der Kritiker nur nicht weiss, ob die albernen Worte ihn mehr zum Unwillen oder zum Lachen reizen sollen!

Wohin ist man von der früheren einmüthigen Bewunderung des schönen Stils, der edlen Sprache des italienischen Sallust gekommen? Und was soll man von dem gesammten bisherigen Stande der italienischen Sprachwissenschaft halten, deren beste Kenner und anerkannte Koryphäen Dino's Chronik als classisches Meisterwerk des Trecento gerühmt haben?

Mit einer Leidenschaft, die auch einer besseren Sache werth wäre, vertritt P. Fanfani seine Ueberzeugung von der Unechtheit der Chronik und macht dafür in seiner Zeitschrift Propaganda. Die Summe von 200 Lire aus seinem Privatvermögen will er sich's kosten lassen, als Preis für denjenigen, der ein unzweifelhaftes Zeugniss aus dem 14. Jahrhundert für die Autorschaft des Dino Compagni aufbringen werde.[1]) In einem besonderen Diarium giebt er Nachricht von den gelungenen Bekehrungen, von den erfolgten Zustimmungserklärungen, sowie von den schwachen Einwendungen und Rettungsversuchen der Dinisten. Eine missfällige Aeusserung des Secretärs der Akademie della Crusca, Cesare Guasti, in öffentlicher Sitzung (6. Sept. 1874) gegen den Kritiker von Berlin und die Verächter des Dino wird von Fanfani mit der feierlichen Erklärung seines Austritts aus der Akademie erwidert, aber zu seinem Trost vollkommen aufgewogen durch den Ausspruch des Vorsitzenden der akademischen Commission dei testi di lingua, Commendatore Zambrini, gegen die Echtheit der Chronik. Professor Olivieri in Palermo und andere Gelehrte aus allen Theilen Italiens haben Fanfani gleichfalls durch ihre Zustimmung erfreut. Einer von diesen, Stefano Grosso in Verona, ein classischer Philologe, der seinen Sallust studiert hat, versichert sogar: er habe die Chronik Dino's immer für ganz abscheulich (brutissima) und unerträglich zu lesen gehalten!

---

[1]) Zum zweiten Mal Borghini No. 3.

Schon fängt endlich auch die hoffnungsvolle Schuljugend an sich lustig zu machen über die geschwollene Sprache des grossen Chronisten, deren Sinn ihr auszulegen die Lehrer selbst verzweifeln! Auf der anderen Seite wartet die Welt mit Spannung auf die Vollendung der seit lang unterbrochenen kritischen Ausgabe von Isidor Del Lungo, welche die Rettung des Compagni bringen soll.[1]) Selbst die italienische Regierung hat ihre Aufmerksamkeit auf den literarischen Streit gerichtet, bei welchem, wie manche glauben, auch die Nationalehre betheiligt ist, und der Minister des Unterrichts hat Herrn Del Lungo noch zwei Handschriften aus der Marciana zukommen lassen. Schade nur, dass diese nicht schon früher von ihm benutzt worden sind! falls nicht, wie zu vermuthen, wenigstens eine davon nur die Abschrift des Apostolo Zeno ist, welche Muratori bei seiner Ausgabe zu Grunde gelegt hat.

Unterdessen hat der unermüdliche Fanfani die in seiner Zeitschrift zerstreuten kritischen Aufsätze noch einmal im Zusammenhang und mit vielen persönlichen Erklärungen von seiner wie von anderer Seite erweitert abdrucken lassen in dem kürzlich erschienenen Buch: Dino Compagni vendicato dalla calunnia di scrittore della Cronaca. Milano, P. Carrara, 1875. Hierin sind zu der sachlichen Kritik von Scheffer-B. einige neue Argumente für die Unechtheit der Chronik hinzugefügt; das Hauptgewicht aber wird auf den sprachlichen Beweis gelegt, bei welchem Fanfani sich selbst für den competentesten Richter hält und kühn die ganze Akademie della Crusca zum Gegenbeweis herausfordert. Der Beweis aus der Sprache und dem Stil scheint ihm mit solcher mathematischer Gewissheit geführt, dass er nicht ansteht, den Autor der Chronik für einen ausgezeichneten Betrüger (un solenne impostore) und sein Werk für eine ungeheuerliche Missgeburt (mostruoso aborto) zu erklären. Für den muthmasslichen Fälscher hält er einen Literaten des 16. Jahrhunderts, der sich in dem

---

[1]) Ma noi aspetteremo, sagt Cesare Guasti in seiner akademischen Rede, che l'accademico Del Lungo abbia compiuto di dare alla luce i suoi studii intorno a un libro che per ora è un bel testo di lingua, un insigne monumento di storia e (il critico non ci ha pensato) un esempio di civile rettitudine.

Florentiner Codex, worin die älteste Abschrift der Chronik enthalten ist, als dessen Besitzer genannt hat: Giovanni Mazzuoli mit dem Beinamen Stradino, ein Liebhaber und Sammler alter Handschriften, und überdies ein wunderlicher Kauz, dem man unter anderen Spottnamen auch den: „fehlerhafte Chronik (cronaca scorretta)", beilegte, vielleicht mit Bezug auf das unter dem Namen Dino's gefälschte Machwerk, welches damals und noch lange Zeit niemand auch nur zu erwähnen der Mühe werth hielt und das erst die Neueren in höchst unverdienter Weise bis in den Himmel erhoben haben.[1])

G. Gargani. Im Anhang des Fanfani'schen Buchs befindet sich eine Abhandlung unter dem Titel: „Historische Mikrologien von G. Gargani", worin dieser Gelehrte, der sich durch seine Schrift über den alten Signorenpalast bekannt gemacht hat,[2]) besonders die Anachronismen der Chronik bezüglich dieses Palastes als Residenz der Prioren nachzuweisen sucht und die gleiche Vermuthung wie Fanfani über die Person des Fälschers ausspricht.

Die neu gewonnene Ansicht von der Unechtheit der Chronik scheint also auch in Italien, Dank den Bemühungen Fanfani's, schon weit verbreitet zu sein. Man ist aber dort weniger auf die historische Untersuchung, bei welcher Scheffer-B. schon das Meiste vorweg genommen hatte, als auf die sprachliche eingegangen. Indessen reicht doch der Beweis der Unechtheit aus der Sprache nicht hin, um auch die Fälschung des Inhalts der Chronik anzunehmen. Die alte echte Chronik des Dino Compagni könnte eine spätere Umarbeitung erfahren haben. Darum ist das Hauptgewicht viel mehr auf den historischen Gehalt zu legen, und hier will die Vertheidigung noch einmal festen Fuss fassen und den Boden behaupten. Das Werk des Dino, hat der Secretär der Crusca gesagt, ist „nicht bloss ein schöner Text der Sprache, sondern auch ein vorzügliches geschichtliches Denkmal und noch dazu, was dem Kritiker entgangen ist, ein Beispiel von bürgerlicher Rechtschaffenheit".[3]) Zugleich wurde in dieser Rede Berufung gegen die frevel-

---

[1]) Fanfani p. 152. 285.
[2]) Dell'antico Palazzo della Signoria di Firenze. Fir. Ricci 1872.
[3]) S. oben S. 11 N. 1.

hafte Kritik an die entscheidende Autorität des Marchese Gino Capponi eingelegt, und zwar mit einem emphatischen, weit mehr den Angerufenen als die Akademie selbst ehrenden Ausdruck: la Crusca sarà contenta di errare con lui!

Die seit lang erwartete Florentinische Geschichte von Gino Capponi, eine Frucht vieljähriger Studien, ist endlich erschienen [1]). Wenn bisher im ganzen genommen nur wenige italienische Gelehrte sich näher mit der wissenschaftlichen Bearbeitung und Kritik befassten, welche die ältere italienische Geschichte und Geschichtschreibung bei uns in Deutschland gefunden hat, so trägt daran gewiss nicht vornehme Geringschätzung die Schuld, sondern weit mehr die bedauernswerthe Unkenntniss der deutschen Sprache. Man nimmt wohl im allgemeinen Notiz von den deutschen Forschungen, ist aber von vornherein geneigt sich ablehnend gegen sie zu verhalten, wo sie einer feststehenden Meinung in den Weg treten. Der ehrenwerthe Gino Capponi behauptet diesen conservativen Standpunkt auf dem Gebiet der älteren Geschichte von Florenz nach mehr als einer Seite hin. Er hält z. B. unerschütterlich fest an der Herkunft der Consuln und Senatoren der italienischen Städte im Mittelalter von den altrömischen Duumviren und Decurionen und citiert dafür den Ricordano Malespini![2]) Mit vieler Achtung und Anerkennung spricht er sich über Scheffer-B.'s florentinische Studien aus, aber leider kennt er das Buch nur aus der kurzen Analyse von Cesare Paoli. Mit allgemeinen Erwägungen und sachlichen Gründen tritt er den Ausführungen des deutschen Kritikers über die Unechtheit des Malespini und des Compagni entgegen, nicht ohne bedeutende Zugeständnisse zwar hinsichtlich der Chronik der beiden Malespini, die er ein schlechtes Machwerk (pasticcio) nennt, mit welchem Unwissenheit und Nachlässigkeit, theilweise sogar offenbarer Betrug ihr Spiel getrieben haben; aber die Echtheit im wesentlichen wird nichtsdestoweniger aufrecht erhalten, also auch die Priorität vor der Chronik des Villani und die Ableitung der letzteren aus jener, unter Hinweisung auf

---

[1]) S. oben S. 3 N. 3.
[2]) T. 1, p. 19. 664.

die feudale Sinnesweise, welche in der einen, die volksfreundliche, welche in der andern sich ausprägt, auf die rauhere Sprache und den ungebildeten Stil, wodurch sich die ältere Chronik unverkennbar von der jüngeren unterscheidet.[1]) Wa aber die Chronik des Dino angeht, so erklärt sich Gino Capponi gegen die Methode der modernen Kritik überhaupt, welche allein darin bestehe, einem alten Autor Irrthümer, Unwahrheiten und selbst Widersprüche in Einzelheiten nachzuweisen und ihn darum als Fälscher zu verurtheilen. Nicht jeder Chronist ist auch berufsmässiger Geschichtschreiber, und einer, der selbsterlebte Dinge erzählt, ist nicht minder dem Irrthum ausgesetzt. Dino's Charakter giebt sich in seinem Werk zu erkennen, in welchem er sich selbst einführt und zugleich seine Zeit schildert. Ein warmer Vertheidiger des Rechten und Guten, war er doch etwas kurzsichtig, seine Kenntniss von den Thatsachen mangelhaft, sein Urtheil durch Leidenschaft getrübt. Manches Unrichtige darf man getrost auf Rechnung der Copisten setzen. Gewiss aber kann dem Autor nicht Unkenntniss der Verfassung und der Zustände in Florenz vorgeworfen werden.[2]) Die inneren Gründe, die innere Wahrheit entscheiden für die Echtheit; wenig bedeuten dagegen die äusseren, wie die späten Handschriften, das noch spätere Bekanntwerden der Chronik. Ein Geschichtswerk wie dieses kann nicht zu irgend einer späteren Zeit erfunden und gemacht sein. In solcher Weise die Gefühle und Leidenschaften, die Sprache eines früheren Jahrhunderts nachzubilden ist überhaupt dem Menschengeist unmöglich. Es ist ganz undenkbar, dass ein Florentiner zu irgend einer späteren Zeit der Republik oder unter der Herrschaft der Medici diese Chronik geschrieben haben könnte. Sie ist überhaupt kein Werk der Kunst, sondern lebendige Schilderung des Gegenwärtigen, hervorgegangen

---

[1]) Nota intorno ai Malespini T. I, 661—667.

[2]) Mit einem Seitenblick auf das Zuvielwissen anderer Leute sagt Gino Capponi von sich selbst: Quanto a me, di falli di tal sorta confesso e dichiaro non essermi accorto, non ostanteché quel libro mi sia stato assai tra le mani e che un po' di pratica di quelle faccende io pure dovessi avere acquistata. Non ch'io però creda saperne ogni cosa, il che fa che nei giudizi mi senta obbligo d'andare adagio (II, p. 574).

aus dem unmittelbaren Eindruck, dem zufälligen Affect; daher in der Darstellung die Unebenheiten, Irrthümer und Widersprüche, die sich leichter bei dem Autor selbst erklären lassen, als bei einem Anderen. Ein Werk der Kunst, ein historischer Roman würde diese Unvollkommenheiten leicht vermieden haben; und hätte wohl ein Romanschreiber sein Werk mit einer Weissagung geschlossen, welche schon in der allernächsten Zeit Lügen gestraft wurde?[1] —

Gewiss verdienen diese gewichtigen Bemerkungen des neuesten Geschichtschreibers von Florenz alle gebührende Berücksichtigung, ehe man zu einem abschliessenden Urtheil über Dino Compagni kommt. Die Streitfrage spitzt sich, wie man sieht, schliesslich so zu: Ist es leichter bei den nachgewiesenen Mängeln der Chronik an ihre Unechtheit oder an ihre Echtheit zu glauben? Und falls man sich für die Unechtheit entscheidet, wie soll man sich die Fälschung als möglich denken?

Bei der kritischen Ausführung, welche ich nun beginne, will ich von der historischen Persönlichkeit Dino Compagni's, das ist, von den sicheren Nachrichten, welche über ihn überliefert sind, ausgehen und sein Verhältniss zu der Chronik, die Möglichkeit seiner Autorschaft, betrachten; sodann zweitens die Beschaffenheit der Chronik selbst in Bezug auf ihre Glaubwürdigkeit und Echtheit und die gegen sie erhobenen kritischen Bedenken in Erwägung ziehen; endlich drittens unter Zusammenfassung des gewonnenen Ergebnisses die Hypothese der Fälschung prüfen und damit zugleich die Lösung des kritischen Problems versuchen.

Plan der Untersuchung.

I.

Dino Compagni, der angebliche Autor der Chronik, zählte weder zu den hervorragenden und leitenden Staatsmännern, noch

Dino C. als Staatsmann.

---

[1] Nota intorno alla storia di Dino Compagni II, 569—574.

zu den namhaften Schriftstellern seiner Zeit. Dante, für dessen Freund man ihn ohne allen Grund ausgegeben hat,[1]) nennt ihn weder in der einen, noch in der anderen Eigenschaft unter den vielen Zeitgenossen, deren er in der göttlichen Komödie und in seinen anderen Schriften gedenkt; ebenso wenig der Chronist Giovanni Villani, welcher gleichfalls noch Zeitgenosse von ihm war und einige Decennien später schrieb, noch irgend ein anderer florentinischer Chronist des späteren Mittelalters, ausser in den Aemterverzeichnissen. Nur durch diese sowie die noch vorhandenen Rathsprotokolle ist sicher bezeugt, dass Dino Compagni in den beiden nächsten Decennien nach Errichtung der neuen Volksregierung im J. 1282, d. i. der Signoria der Prioren der Zünfte, zeitweise die obersten Staatsämter der Republik bekleidete und sich auch als Mitglied der verfassungsmässigen Räthe an den öffentlichen Angelegenheiten betheiligte.[2])

Er sass in der Regierung als einer der 6 Prioren der Zünfte, welche aller zwei Monate im Amte wechselten, 1289 Mitte April bis Mitte Juni. In die Zeit dieses Priorats fällt die denkwürdige Schlacht bei Campaldino am Tage S. Barnaba (11. Juni), in welcher das Guelfenheer der Florentiner und Verbündeten den Sieg über die Gibellinen von Arezzo und deren Verbündete gewann[3]). Er war Gonfalonier di giustizia, 1293 Mitte Juni bis Mitte August, nachdem dieses neue Amt zur Ausführung der Ordnungen der Gerechtigkeit gegen die Granden erst seit 15. Februar desselben Jahres zu der Signoria der Prioren hinzugekommen war, als der dritte in der Reihe derer, die es nacheinander inne hatten. Unter seinem Gonfalonierat wurde am 12. Julj der Friede zu Fucecchio

---

[1]) K. Hillebrand p. 416: Sur les rapports entre Dante et Dino Compagni.
[2]) S. die Priorenverzeichnisse in der Istoria Fiorentina von Marchionne Stefani Vol. II, in der Sammlung von Ildefonso di San Luigi, Delizie degli eruditi Toscani T. VIII, und die Auszüge aus den Rathsprotokollen, Saltini, Documenti inediti intorno Dino Compagni. Archivio storico Ital. T. XVI. 1872, p. 1—21, welche Cesare Paoli in seinem Schreiben an Del Lungo, sopra le date e il contenuto di alcune consulte di Dino Compagni degli anni 1293 e 1294 ergänzt hat; ib. T. XIX, p. 9—15.
[3]) Villani VII c. 131.

zwischen den Florentinern und Verbündeten mit Pisa geschlossen.¹) Er war zum andern Mal in der Regierung als einer der Prioren 1301 von Mitte October an zur Zeit, als die inneren Wirren durch die Parteien der schwarzen und weissen Guelfen den höchsten Punkt erreichten und als unter Begünstigung des päpstlichen Friedensstifters, Carl von Valois, die verbannten Häupter der Schwarzen gewaltsam in die Stadt eindrangen und die bestehende Regierung umstürzten. Dino und seine Collegen mussten am 7. November, vor Ablauf der gesetzlichen Frist, die Signorie an die neu gewählten Prioren abtreten.²)

In demselben Zeitabschnitt der beiden letzten Decennien des 13. Jahrhunderts nahm Dino Compagni oft Theil an den Rathsverhandlungen, sei es als Mitglied der ordentlichen Volksräthe, sei es als einer der bei wichtigen Angelegenheiten von der Regierung zu Rathe gezogenen Weisen (sapientes congregati). In den Protokollen aus dieser Zeit (1285—1294) sind die Meinungen und Rathschläge enthalten, welche er über Ausprägung von Gold- und Silbermünzen, über eine geistliche Angelegenheit, über die Wahl der Prioren, über Krieg und Frieden mit Arezzo und Pisa, kurz über die vorkommenden inneren und äusseren Geschäfte der Republik abgab. Er gehörte, wie man sieht, zu den Wortführern im Rath, und seine Stimme galt mit wenigen anderen, die gleichfalls in den Protokollen angeführt sind, als eine gewichtige.³) Auch in verschiedene Staatscommissionen wurde er gewählt; im October 1290 als Mitglied der Steuercommission, im December 1294 als einer der 14 arbitri oder Gesetzgeber, welche die Statuten der Republik zu revidiren und in besseren Einklang

---

¹) Villani VIII, 2. Ammirato, Istorie Fiorent. L. IV p. 189 (Firenze 1674 fol. T. I) giebt das Datum und den Inhalt des Friedensschlusses an.

²) S. die Urkunde vom 7. Nov. 1301 im Auszuge bei Scheffer-Boichorst, Anhang S. 214.

³) P. Fanfani schiesst weit über das Ziel hinaus, wenn er in seinem Buch Dino C. vendicato p. 184 sq. die Rathschläge Dino's theils als unbedeutend, theils als einfältig oder lächerlich kritisirt. Zu solcher und jeder Beurtheilung fehlt uns die genauere Kenntniss der Verhältnisse: die Mitbürger Dino's aber, welche sie besassen, sind schwerlich derselben Meinung wie Fanfani gewesen.

zu bringen hatten; in der letzteren Commission sass er zusammen mit dem berühmten Urheber der Ordnungen der Gerechtigkeit, Giano della Bella.[1])

Nach seinem zweiten Priorat im October 1301, welches durch den Gewaltstreich der schwarzen Guelfen ein rasches Ende nahm, scheint Dino Compagni jeder öffentlichen Thätigkeit fern geblieben zu sein, vermuthlich ausgeschlossen durch die herrschende Partei als ihr Gegner. Sein Name wird nicht mehr in den öffentlichen Documenten, so weit sie bisher bekannt geworden, erwähnt; er findet sich auch nicht unter den Verbannten vom J. 1302, zu welchen der grosse Dante als Weisser und Gibelline wider Willen gehörte.[2]) Erst spät taucht er noch einmal in öffentlicher Function wieder auf, nämlich als Redner bei der Gesandtschaft der Florentiner zur Beglückwünschung des Papstes Johann XXII im J. 1326. Die überlieferte Rede, deren Echtheit sich weder behaupten, noch bestreiten lässt, ist in dem phrasenreichen poetisch ausgeschmückten Stil verfasst, der bei solchen Gelegenheiten üblich war.[3])

Nach einer nicht sicher beglaubigten Nachricht soll Dino Compagni am 26. Februar 1323 gestorben und in der Kirche S. Trinità zu Florenz begraben sein.[4])

---

[1]) S. den Staatsbeschluss vom 9. Dec. 1294 bei Saltini a. a. O. p. 19.

[2]) Ohne Grund haben manche Neuere auch Dino in die Verbannung geschickt; vgl. K. Hillebrand p. 398, der jedoch diese Meinung nicht theilt.

[3]) Zuerst durch Antonfrancesco Doni, Prose antiche 1547, herausgegeben, ist sie öfter wieder abgedruckt worden, so von Dönniges, Kritik der Quellen Heinrich's VII S. 141 Note nach einer Hs. der Magliabecchiana und wieder von K. Hillebrand, Dino C. p. 421 sq. mit den abweichenden Lesarten.

[4]) Die Notiz findet sich am Schluss der Chronik in der florentinischen Handschrift, Hillebrand p. 400, Fanfani p. 152. Hillebrand p. 396 giebt an, dass Dino C. in der Matrikel der Seidenzunft, und zwar 10 Mal als Consul dieser Zunft, in den J. 1280 bis 1320 aufgeführt sei. Hiermit wäre seine Lebensdauer bis 1320 bezeugt. Schade, dass die urkundlichen Stellen nicht mitgetheilt sind! Die Angabe: comme consul de cet art (*sotto la divisione di Calimala*) kann nicht richtig sein, denn die Calimala war keine Abtheilung der Seidenzunft, sondern bekanntlich eine andere Zunft, die der Tuchhändler. Saltini, Documenti inediti p. 3 bemerkt bloss, dass

Man kennt Dino Compagni auch als Dichter. Nicht dass seine Zeitgenossen ihn als solchen erwähnt hätten, aber die Späteren. Doch kann das Urtheil über die ihm zugeschriebenen grösseren und kleineren Dichtungen — ein Lehrgedicht und ein grösseres allegorisch philosophisches Gedicht unter dem Titel l'Intelligenza, mehrere Canzonen und Sonette — nur mit Vorbehalt abgegeben werden, da sie sehr ungleich an Charakter und Werth sind und es völlig ungewiss bleibt, welche von ihnen wirklich von Dino Compagni herrühren.[1])

Dino C. als Dichter.

Sehen wir nun, wie die Chronik sich im ganzen zu dem historischen Dino Compagni verhält. Er selbst nennt sich als Autor, führt sich in erster Person, als io Dino Compagni, redend und handelnd ein, schildert seinen Antheil an der Regierung und den Berathungen, giebt seine politische Ansicht im einzelnen, seine Gesinnung und Parteistellung im allgemeinen kund, spricht mit Leidenschaft sein Urtheil über Personen und Massregeln

Die Chronik.

Dino C. im J. 1286 in der Matrikel der Seidenzunft genannt sei. Man darf erwarten, alle auf Dino C. bezüglichen urkundlichen Nachrichten in dem von Cesare Paoli versprochenen Codice diplomatico gesammelt zu finden.

[1]) Das zuerst von Ozanam, Documents inédits pour servir à l'histoire littéraire de l'Italie etc. Paris 1850 p. 321—410 vollständig veröffentlichte Gedicht l'Intelligenza von 309 Stanzen in nona rima ist reich an poetischen Schönheiten, wiewohl ermüdend in der Beschreibung der 60 Edelsteine der Krone, worin die Tugenden der hohen Frau Intelligenz symbolisirt sind. Der Schluss:
  La intelligenza stando a Dio davanti
  A lo piacer di Dio li angeli muove,
  E gli angeli li cieli muovono, quanti
  Che co lo'mpirio l'uomo gli appella nove etc.
erinnert auffallend an Dante, Paradiso II, v. 136:
  Cosi l'intelligenzia sua bontate
  Moltiplicata per le stelle spiega
  Girando se sovra sua unitate
und dessen bekannte Theorie von den neun Engelchören, welche die Himmel bewegen, Parad. XXVIII, v. 97 bis zum Schluss. S. über den Werth und die Abfassungszeit des Gedichts die auseinandergehenden Urtheile der neueren Italiener bei Hillebrand p. 380 s. und in der Nuova Antologia T. XIX, p. 467.

aus. Die Chronik umfasst die Zeit von 1280—1312, erzählt jedoch ausführlich und zusammenhängend nur die Ereignisse in Florenz zur Zeit der inneren Krisis um 1300, in welche Compagni selbst verwickelt war und in Folge deren er sich von den öffentlichen Aemtern und Geschäften ausgeschlossen fand. Seitdem wächst immer mehr seine Verstimmung über den Gang der äusseren wie der inneren Politik der Republik, seine Verbitterung gegen die Häupter der Regierung aus der ihm feindlichen schwarzen Partei. Er vermag ebenso wenig wie der grosse Dante seine anfänglich neutrale Stellung zwischen oder über den Parteien zu behaupten und wird wie dieser zu den weissen Guelfen hinübergedrängt und aus einem Guelfen ein Gibellin von Gesinnung. Die Chronik schliesst mit Verwünschung der ungerechten Bürger von Florenz und Androhung des kaiserlichen Strafgerichts. Der Charakter des Schriftstellers zeichnet sich mit psychologischer Wahrheit, indem die geschilderten Zustände sich in ihm reflectiren. Was der Chronist von sich selbst, von seiner öffentlichen Wirksamkeit, von seinen Ehrenämtern erzählt, stimmt theils überein mit den schon erwähnten urkundlichen Nachrichten über Dino Compagni, theils widerspricht es diesen wenigstens nicht.

Chronik I, 4. Im Jahre 1282 nennt er sich einen jungen Mann, der noch wenig von den Strafgesetzen wusste, und erzählt, wie er sich mit einigen anderen Patrioten an der Verfassungsveränderung bei Errichtung der Signorie der Prioren betheiligte. Der Zweifel welchen Gargani hiergegen erhoben hat, dass die Geburt Dino Compagni's schon in das Jahr 1239 gesetzt werden müsse, weil er in einer Urkunde von 1260 unter den Guelfen, welche den Krieg gegen Siena beschlossen, genannt sei,[1]) verdient so lange keine Beachtung, als nicht das Document selbst beigebracht und aus diesem erwiesen ist, dass wirklich unser Dino und nicht, wie zu vermuthen, sein Grossvater oder ein anderer Verwandter gleiches Namens, der 1251 Mitglied des grossen Raths der Republik war, zu verstehen ist.[2])

---

[1]) Fanfani, Dino vendicato p. 265.
[2]) S. Manni im Vorwort s. Ausgabe p. XI. Die Genealogie der Vorfahren von Dino Compagni liegt noch völlig im Unklaren. Was

Zu einem gegründeten Zweifel giebt allerdings Anlass, was der Chronist Dino von seinem Gonfalonierat im Jahre 1293 erzählt (I, 12), worauf ich weiterhin zurückkomme, indem ich hier nur vorläufig bemerke, dass diese Erzählung zwar in auffallenden Widerspruch tritt mit Villani und anderen Chronisten, aber doch nicht durch ein urkundliches Zeugniss widerlegt wird.

Gegenüber der guten Uebereinstimmung welche sich in dem Verhältniss des historischen Dino Compagni zu der Chronik zeigt, hat ein hierauf bezügliches allgemeines Bedenken Fanfani's, wie mir scheint, nur wenig zu bedeuten. Wohl mit Recht hat dieser bemerkt, dass der Autor der Chronik seiner Person und öffentlichen Wirksamkeit eine viel grössere Wichtigkeit beilege, als ihm nach allen historischen Zeugnissen wirklich zukommt.[1]) Dante und Giovanni Villani, die Zeitgenossen, schweigen gänzlich über ihn. Von den Späteren nennt ihn allein Scipio Ammirato in der Reihe der Gonfalonieren und fügt hinzu, dass unter seinem Gonfalonierat 1293 der Friede mit Pisa geschlossen wurde.[2]) Allein dies schliesst doch nicht aus, dass Dino nicht als Chronist mit etwas übertriebenem Selbstgefühl sich wohl in den Vordergrund der politischen Bewegungen seiner Tage gestellt haben könne; denn er schildert die Ereignisse und den

Allgem. Bedenken.

K. Hillebrand p. 396 beibringt, ist durchaus unzuverlässig: Le grand père homonyme de notre auteur, Dino Compagni, fut anziano en 1251, et son père, Giovanni di Perino Compagni, le fut en 1255, wobei Muratori SS. T. VIII und Manni p. XI citirt sind und der erstere, welcher den Perini als Oheim von Dino Compagni nenne, berichtigt wird. Allein das Citat von Muratori ist falsch und das von Manni übel benutzt. Muratori sagt im Vorwort zu Dino Compagni, dessen Chronik nicht in Bd. VIII, sondern Bd. IX der SS. steht, gar nichts von dem Oheim oder den Vorfahren Dino's, sondern Manni nennt Giovanni di Perino als Oheim und den gleichnamigen Dino Compagni als einen anderen Verwandten (congiunto), nicht Grossvater, und sagt weder von dem einen, noch von dem anderen, dass sie Anzianen waren, sondern dass sie unter der Regierung der Anzianen im grossen Rath sassen, der ältere Dino Compagni schon im J. 1251 und Giovanni di Perino 1255.

[1]) Dino vendicato p. 91.
[2]) Istoric Fior. Folioausg. 1647 I, p. 189.

Antheil, den er daran genommen, nach seiner Auffassung und von seinem Standpunkt aus, ohne doch seine Person, gleich wie ein Memoirenschreiber, zum Mittelpunkt der Erzählung zu machen, sondern er berichtet die Zeitgeschichte von Florenz und tritt in dieser nur da persönlich auf, wo er selbst mit handelte.

<small>Rede und Verse.</small> Ein anderes allgemeines Bedenken Fanfani's bezieht sich auf das Verhältniss des Dichters und Redners Compagni zu dem Chronisten und ergiebt sich aus der Vergleichung der ihm zugeschriebenen Gedichte und der Beglückwünschungsrede mit der Chronik. „Entweder sind jene oder aber ist diese nicht von Dino: denn beide sind sicherlich nicht Mehl aus demselben Sacke".[1]) Man muss zugeben, dass Stil und Ausdruck in der Gesandtschaftsrede und in der Chronik sehr weit verschieden ist: unförmlich und schwülstig in jener, erscheint er kräftig und gedrungen, klar und edel in dieser.[2]) Allein die Echtheit der Anrede Dino's an Papst Johann XXII vorausgesetzt, die doch selbst noch in Frage steht, so könnte man wohl annehmen, dass Dino sich in ihr einer künstlichen Redeweise bedient habe, wie sie bei solchem feierlichen Anlass üblich war. Und was seine Verse anbetrifft, von welchen Fanfani in seiner drastischen Weise urtheilt, dass sie die Hunde heulen machen könnten, so sind doch auch wieder die ihm zugeschriebenen Gedichte so ungleich an Form und Werth, dass man mit Recht zweifeln muss, ob sie von einem und demselben Autor herrühren. Es befindet sich darunter namentlich auch ein Lehrgedicht: come ciascuno può acquistar pregio, worin die verschiedenen Berufsstände, vom Kaiser und König an bis auf den Kaufmann und Goldschmied herunter, aufgeführt sind und von jedem gesagt ist, wodurch er sich Verdienst und Lob gewinnen könne, welches meines Erachtens

---

¹) Dino vendicato p. 55.
²) Ich gebrauche die Worte von Fanfani selbst p. 54: di uno scrittore che oggi scrive prosa robusta, efficace, limpida e nobile da star sopra a quella del Machiavelli — welche doch wenig mit dem stimmen, was er anderweitig über Stil und Sprache des Fälschers sagt.

sehr wohl zu dem Ton und Charakter des Autors der Chronik passt.[1])

Andere Verdachtsgründe gegen die Echtheit der Chronik im allgemeinen werden aus dem äusseren, höchst auffallenden Umstand geschöpft, dass Dino Compagni als Chronist bis um die Mitte des 17. Jahrhunderts völlig unbekannt geblieben ist.[2]) Kein florentinischer Chronist, weder von den Zeitgenossen Dino's noch irgend ein späterer, hat ihn als Geschichtschreiber genannt; kein antiquarischer Sammler, kein Literarhistoriker hat bis dahin von ihm Kenntniss gegeben. Ebenso wenig lässt sich eine Benutzung der Chronik mit Bestimmtheit nachweisen. Am ersten müsste man sie bei Giovanni Villani erwarten; allein abgesehen von übereinstimmenden Sätzen, auf die ich noch zurückkommen werde, zeigt sich durchaus keine nähere Verwandtschaft beider Chronisten, wo sie über dieselben Thatsachen, deren mitlebende Zeugen sie waren, berichten. Desgleichen haben die

Chronik unbekannt.

---

[1]) Ed. Böhmer „Dino Compagni" im Dante-Jahrbuch II, 371—376, will dieses Gedicht in eine frühere Zeit zurückversetzen und dem (angeblichen) Grossvater des Chronisten Dino zuschreiben, weil darin eine Anspielung auf den Kreuzzug des Kaisers Friedrich II vorkomme. Allein wenn an der betreffenden Stelle gesagt ist: es gebühre dem Kaiser den Glauben und die Kirche zu vertheidigen und alle Hoffnung auf einen Kreuzzug zu setzen, so ist dies so allgemein gehalten, dass dabei an jeden beliebigen Kaiser gedacht werden kann.

[2]) Zuerst nennt ihn Federigo Ubaldini in seiner Ausgabe der Documenti d'amore des Francesco Barberino, der Zeitgenosse von Dante und Dino war, Roma 1640: Uomo non punto volgare nelle rime e nella cronica Fiorentina. Er kannte die Chronik nach einer Abschrift, welche der florentinische Senator Carlo Strozzi an Papst Urban VIII übersendet hatte; s. Manni im Vorwort p. XI und G. Grion p. 37. Erst kürzlich hat Fanfani, Borghini No. 16 p. 247, von einer Handschrift der Chigiana in Rom Nachricht gegeben, welche eine Chronik unter dem Titel: Nuova Cronica compilata e stratta da molti antichi libbri e autori, enthält, in deren Vorwort Dino Compagni sich als Autor nennt. Die Chronik geht von 1107 bis 1332 und soll eine blosse Verstümmelung des Villani sein. Die Handschrift ist angeblich in der Mitte des 17. Jahrhunderts verfasst. Es wäre doch wichtig, der Sache weiter nachzugehen und insbesondere zu sehen, ob nicht die Chronik Dino's in die Compilation aufgenommen ist.

Späteren, welche die älteren Quellen, besonders den Villani, theils ausschrieben, theils verarbeiteten, von der wichtigen Zeitgeschichte Compagni's nirgends Gebrauch gemacht.[1]) Auch Scipio Ammirato, der ältere, welcher in der zweiten Hälfte des 16. Jahrhunderts sein grosses Geschichtswerk mit vielem Fleiss aus den Quellen schöpfte und schon den falschen Malespini kannte — er nennt ihn neben Villani im Vorwort, — und ebenso der jüngere, sein Adoptivsohn Christofero del Bianco, welcher dasselbe durch Zusätze aus dem florentinischen Archiv ergänzte und im Jahre 1647 aufs neue herausgab, haben sie sicher noch nicht gekannt.

Handschrift. Es kommt hinzu, dass keine ältere Handschrift der Chronik vorhanden ist, als die der ehemaligen Strozziana, welche sich heute in der Nationalbibliothek zu Florenz befindet und nach übereinstimmenden Aussagen von einer Hand zu Anfang des 16. Jahrhunderts herrührt, womit auch das Datum 1514, welches zwei mal am Rand geschrieben ist, zusammentrifft.[2])

Diese äusseren Verdachtsgründe gegen die Echtheit der Chronik sind gewiss nicht zu unterschätzen; doch können sie begreiflicher Weise für sich allein nichts entscheiden. Durch welchen zufälligen Umstand das Werk Dino's, seine Echtheit vorausgesetzt, Jahrhunderte lang verborgen blieb, steht dahin. Gewiss war es nicht für die Oeffentlichkeit bei Lebzeiten des Autors bestimmt, denn er hätte die Schärfe und Kühnheit, womit er sich darin gegen die Regierenden in Florenz ausspricht, ohne Zweifel ebenso wie Dante mit lebenslänglicher Verbannung zu büssen gehabt.

Auf die innere Beschaffenheit der Chronik kommt es vor allem an. Finden sich in ihr selbst die deutlichen Beweise der Unechtheit, so dienen auch jene äusseren Gründe des Zweifels dazu, sie zu verstärken.

---

[1]) Ich kann dies nach sorgfältiger Vergleichung sämmtlicher florentinischer Chroniken des 14—16. Jahrhunderts zuversichtlich behaupten.

[2]) Der Codex ist eine Papierhds. in 4º und enthält ausser der Chronik von Compagni noch verschiedenes Andere; ich komme darauf weiter unten zurück.

II.

Die Erzählung der Chronik fängt an mit dem Jahre 1280 und schliesst ab im Sommer 1312 gleich nach der Kaiserkrönung Heinrichs VII. Die Kenntniss des Autors scheint keinen Schritt weiter zu reichen, denn sonst würde er zum Schluss nicht seine Vaterstadt oder vielmehr deren ungerechte Bürger mit dem Strafgericht des Kaisers bedrohen, welches damals allerdings von Heinrich VII beabsichtigt war, aber bekanntlich in seinem Herbstfeldzuge vereitelt wurde. Die Zeit der Abfassung ist durch diesen Schluss einer und durch das Vorwort anderer Seits genau bestimmt. Dort sagt der Autor, er habe lange (molti anni) gezögert, über die Ereignisse seiner Zeit und besonders um das Jahr des Kirchenjubiläums 1300 zu schreiben, in der Erwartung, dass andere dies thun würden: demnach wird er seine Chronik etwa 1310 begonnen haben.[1)]

Zeit der Abfassung.

Weiter kündigt Dino zu Anfang des ersten Buchs an, er habe sich vorgenommen, die Wahrheit der Dinge die er gesehen und gehört zu berichten; was er aber nicht selbst gesehen, wolle er nach dem öffentlichen Gerücht (secondo udienza) erzählen. Die Chronik enthält von Anfang bis zu Ende selbsterlebte Geschichte. Die Dinge, die der Autor selbst gesehen und gehört, sind die Ereignisse in Florenz. Ueber diese konnte niemand genauer unterrichtet sein als Dino Compagni, welcher 20 Jahre lang bei den öffentlichen Geschäften der Republik betheiligt war und in dieser Zeit die obersten Staatsämter bekleidete. Nachdem er seit November 1301 durch die Parteiregierung der Schwarzen in unfreiwillige Musse versetzt worden, gehörte er zur Zahl der missvergnügten Patrioten und fühlte sich gedrängt, so nehmen wir an, mit dem schriftstellerischen Talent, welches er als Redner und Dichter besass, die Geschichte seiner Tage für die Nachkommen zu erzählen und dabei zugleich seinem Unmuth über die Schlechtigkeit der herrschenden Partei Luft zu machen.[2)]

[1)] So meint auch K. Hillebrand p. 315.
[2)] Mehr als dies hat doch wohl auch Saltini, welchen Fanfani p. 187 desshalb hernimmt, nicht behaupten wollen: Che pertanto un siffatto

Die Kritik. Hier nun setzt die Kritik ein, indem sie die in der Chronik erzählten Thatsachen nach ihrer historischen Richtigkeit und Glaubwürdigkeit prüft. Scheffer-Boichorst hat sie meisterhaft mit voller Sachkenntniss, wenn auch wie mir scheint, in manchen Punkten mit zu viel Sicherheit und mit einer gewissen Voreingenommenheit für die Unechtheit der Chronik, die doch erst bewiesen werden soll, ausgeführt. Es ist nicht meine Absicht seiner Untersuchung Schritt für Schritt zu folgen oder noch besser die Chronik selbst mit einem fortlaufenden Commentar zu begleiten, sondern übersichtlich die Hauptpunkte auf die es ankommt hervorzuheben und das Für und Wider nach beiden Seiten hin unbefangen zu erörtern.

Sehen wir zunächst ab von dem sprachlichen Beweis, auf den ich erst zuletzt kommen will, so wird die Unechtheit der Chronik nach der historischen Seite hin dargethan: 1. durch die Unwahrheit oder Unglaubwürdigkeit der berichteten Thatsachen, insbesondere durch die Unkenntniss des Autors bezüglich der Zustände und der Verfassung von Florenz; 2. durch das Verschweigen wichtiger Thatsachen und die inneren Widersprüche der Chronik; 3. durch Anachronismen, welche der Autor dadurch begeht, dass er Dinge erwähnt, welche über seine Zeit hinausreichen, von denen er noch nichts wissen konnte; 4. endlich durch die Benutzung späterer Chroniken, welche aus den von ihnen entlehnten Stellen hervorgeht.

Unrichtige Zeitfolge. Offenbar liegen die stärksten Beweise für die Unechtheit in den beiden letzten Punkten. Denn was 1. die Unrichtigkeit der erzählten Thatsachen, und zwar zunächst die Verstösse gegen die Chronologie betrifft, so finden sich sehr auffallende Dinge dieser Art auch bei sonst vortrefflichen italienischen wie deutschen Chronisten. Dino's Erzählung seiner Erlebnisse macht durchaus den Eindruck, als ob sie nur aus seiner eigenen Erinnerung geschöpft sei. Sie geht auf 10, 20 Jahre und weiter zurück: wie leicht konnte da der Autor in Thatsachen und Daten irren, die

---

uomo *potesse dettare* un libro come la Cronaca — non é da mettere ragionevolmente in dubbio.

Zeitfolge verwechseln, was mehrere Jahre auseinander lag zusammenrücken, weil es im inneren Zusammenhang stand, sei es als Ursache und Wirkung, sei es in einer Reihe von Ursachen oder Folgen! Mehr auf diesen Zusammenhang als auf die Zeitfolge kam es dem Chronisten an. Man kann in solchen Fällen den wirklichen oder scheinbaren chronologischen Fehler leicht aus Villani berichtigen, der überall die Zeitfolge einhält, weil er die Ereignisse nach fortlaufenden Jahren berichtet, der überdies geschriebene Quellen benutzte und auch mehr den historischen Sinn des Geschichtschreibers besass, oder noch besser aus Paolino Pieri, der bis 1305 eigentliche Annalen und zwar in den letzten Decennien mit ziemlich gleichzeitiger Aufzeichnung verfasste.[1])

Ich meine daher, dass man auf die chronologischen Fehler des Compagni im allgemeinen kein grosses Gewicht zu legen hat. Es kommt auf die besondere Art der Fälle an. Bei einigen von denen, welche die Kritik hervorgehoben hat, ist der chronologische Irrthum nur scheinbar; bei anderen ist er wenigstens nicht schlimmer als bei anderen guten Chronisten; doch finden sich darunter auch solche, welche in der That den Zweifel an der Echtheit der Chronik begründen. Sehen wir Beispiele von verschiedener Art.

Gleich im Anfang der Chronik [I c. 3][2]) redet Dino von dem Friedensschluss des Cardinals Latino zwischen den Parteien von Florenz im Jahre 1280 und erzählt, dass die Uneinigkeit

Chronik I, 3.

---

[1]) Für die frühere Zeit folgte auch er natürlich geschriebenen Quellen, wie er selbst zum Jahre 1270 angiebt, wo er seiner eigenen Erinnerung nicht mehr ganz sicher ist: ma perciò ch' io non ne sono certo, non l'ho mutato; dagegen im Jahre 1284 berichtet er als Augenzeuge: et io che l' vidi et udii, ne porto la testimonianza di veduta. Cronica di Paolino Pieri. Roma 1755 p. 38. 46.

[2]) Ich citire die beiden ersten Bücher nach der Capiteleintheilung in der Ausgabe von Del Lungo, das dritte, welches in dieser noch nicht erschienen ist, nach den Seitenzahlen von Muratori T. IX, welche Ausgabe dem Leser leichter zur Hand sein wird, als die seltene von Manni.

innerhalb der herrschenden Guelfenpartei hauptsächlich durch den Hochmuth des Ritters Bonaccorso Adimari, der seinen Sohn Forese mit einer Tochter des mächtigen Grafen Guido Novello von der Gibellinenpartei vermählte, hervorgerufen wurde. Nach Villani (VIII, 15) fand aber diese Vermählung zugleich mit anderen zwischen den beiden feindlichen Parteien schon im Jahre 1267 statt. „Ganz dasselbe Ereigniss", sagt Scheffer-Boichorst (S. 53), „welches nach Dino der Ausgangspunkt der Versöhnung von 1280 wird, ist nach Villani ein Schlussstein in dem Friedenswerk von 1267". Doch ist der Widerspruch wohl nur scheinbar. Dino's Erzählung ist unklar, aber er sagt doch nicht ausdrücklich, dass die erwähnte Vermählung erst im Jahre 1280 erfolgt sei, sondern nur, dass sie die Veranlassung grossen Haders unter den Guelfen wurde: usci d'una piccola fonte un gran fiume.

Chronik I, 11. Die berühmten Ordnungen der Gerechtigkeit gegen die Granden wurden, wie urkundlich feststeht, am 18. Januar 1293 von den Räthen der Republik beschlossen.[1] Der zum ersten mal gewählte Gonfalonier di Giustizia trat am 15. Februar mit den neuen Prioren ins Amt. Die Ordnungen wurden hiermit eingeführt und noch unter demselben Priorat am 10. April mit einer Reihe von neuen Zusätzen vermehrt.[2] Dino (I, 11) erwähnt, dass Giano della Bella, der sich zum Haupt der Volkspartei aufwarf, in die Signorie der Prioren vom 15. Februar 1293 gewählt wurde und dass man zu dieser zum ersten mal den Gonfalonier di Giustizia — es war Baldo Ruffoli — hinzufügte; und fährt dann fort: „Und man machte Gesetze, welche Ordnungen der Gerechtigkeit hiessen." Hiernach scheint der Autor die neue Gesetzgebung erst in das Priorat vom 15. Februar zu setzen.[3]

---

[1] S. meine Abhandlung: Die Ordnungen der Gerechtigkeit in der florentinischen Republik. 1867. S. 14.
[2] S. ebend. S. 9.
[3] Scheffer-Boichorst S. 87 meint, dass diese auffallende Unrichtigkeit sich nur aus der Benutzung von Stefani's Priorenverzeichniss erklären lasse.

Allein ausdrücklich sagt er dies doch nicht und kann es auch nicht wohl meinen, da ja die Wahl des Gonfalonier selbst schon nach den neuen Ordnungen statt fand und das neue Amt eben zur Ausführung derselben bestimmt war. Ausserdem ist doch so viel richtig, dass unter dem genannten Priorat neue Artikel hinzugefügt wurden.

Dino erzählt (I, 20), wo er auf den Anfang der neuen dauernden Parteiung zwischen den weissen und schwarzen Guelfen kommt, verschiedene Vorfälle von Zwistigkeiten zwischen den Donati und Cerchi. Die Zeit dieser Vorfälle wird weder im ganzen noch im einzelnen von ihm bestimmt. Doch fällt das in der Erzählung Vorhergegangene (c. 19), wie wir anderweitig wissen, in das Jahr 1299, und der Streit zwischen den Weissen und Schwarzen in Florenz kam, nach Villani VIII, 39, erst im Jahre 1300 zum Ausbruch. Hat man hiernach Grund anzunehmen, dass Dino alle von ihm erzählten Vorfälle in dasselbe Jahr 1300 setzen wolle? Mich dünkt nicht. Die Parteiung der Weissen und Schwarzen war schon seit lange vorbereitet und seit mehreren Jahren offen erklärt. Der zuverlässige Paolino Pieri berichtet bereits zum Jahre 1297 (p. 61), dass damals viel Streit und Unwille in Florenz herrschte, die Guelfen sich in Schwarze und Weisse getrennt hatten und besonders grosser Hass zwischen den Gherardini und Manieri bestand; Corso Donati und die Schwarzen hielten es mit den Manieri, die Gherardini mit den Weissen. Derselbe Chronist erzählt dann weiter einen jener Vorfälle, nämlich bei dem Leichenbegängniss im Hause Frescobaldi, wenn auch in anderer Weise als Dino.[1]) Dieser Vorfall ereignete sich nach Paolino Pieri in der zweiten Hälfte des Jahres 1297,

Chronik I, 20.

---

[1]) Vergl. hierüber Scheffer-Boichorst S. 128, der auch hier Fälschung aus Villani annimmt, obwohl sich keine nähere Uebereinstimmung in der Erzählung selbst zeigt.

Villani (VIII, 41) setzt ihn unrichtig in den December 1300, Dino giebt gar keine Zeit an.[1])

Guido Caval-canti. I, 20. Zu einem starken Bedenken giebt dagegen ein anderer Vorfall Anlass, welchen Dino unmittelbar nachher in demselben Zusammenhang erzählt. Es ist die Begegnung des Guido Cavalcanti, in Begleitung mehrerer Cerchi zu Ross, mit seinem Todfeind Messer Corso Donati, nach welchem er mit dem Speer wirft. Dass mit diesem Guido Cavalcanti der bekannte Dichter und Freund des Dante gemeint sei, geht daraus mit Gewissheit hervor, dass er der Sohn des Messer Cavalcante Cavalcanti heisst und dass er mit Eigenschaften, die auf den Philosophen und Dichter passen — sdegnoso e solitario e intento allo studio — geschildert wird. Nun wird aber derselbe als junger Mann, giovane gentile, eingeführt. Von welcher Zeit kann es sich handeln? Es ist nicht nöthig, wie bereits bemerkt, an das Jahr 1300 zu denken. Allein man muss sehr weit zurückgehen, um Guido als giovane, d. h. im Lebensalter von etwa 20 bis 30 Jahren, zu finden.[2]) Er war älter als Dante, der bekanntlich 1265 geboren wurde; schon ein berühmter Dichter, als dieser im Alter von 18 Jahren, also 1283, wie er in der Vita nuova erzählt, ihm sein erstes Sonett überreichte; nach Villani (VII, 15) wurde er 1267 bei der Aussöhnung der feindlichen Geschlechter mit der Tochter des Farinata degli Uberti verlobt;[3]) im Jahre 1280 findet sich sein Name im Friedensschluss des Cardinals Latino unter den guelfischen Bürgen genannt.[4]) Um diese Zeit kann

---

[1]) Scheffer-Boichorst a. a. O. „Wenn man dagegen Dino Glauben schenkt, so war es im Frühjahr" u. s. w. Ich finde bei Dino nichts vom Frühjahr: Essendo molti cittadini *un giorno* per sepellire una donna etc.

[2]) Vergl. Scheffer-Boichorst S. 126—130 und Fanfani p. 219—223.

[3]) Wohl nur von Verlobungen, wenigstens nicht nothwendig von Vermählungen, ist der Ausdruck diede per moglie zu verstehen: Chi hai tu tolta per moglie? fragt die gentildonna Aldruda den Buondelmonte bei Dino I, 2 und meint die Verlobte.

[4]) Scheffer-Boichorst 130. In den cit. Stellen aus S. Luigi, Delizie degli eruditi Toscani IX, p. 77 und 91 erscheinen ausser Guido noch 4 Cavalcauti als Bürgen aus dem Stadtsechstel S. Pier Scheraggio.

Guido Cavalcanti noch ein giovane gewesen sein, nicht mehr zwischen 1290—1300, da wir seine Geburt zwischen 1250—1260 setzen müssen. Im Jahre 1300 wurde er mit anderen weissen Guelfen aus der Stadt verbannt und starb bald nach seiner Rückkehr, Ende desselben Jahres oder Anfang 1301.[1]

Man hat vergebens verschiedene Auswege versucht, um diese Stelle bei Dino mit den sicheren Lebensnachrichten von Guido Cavalcanti in Einklang zu bringen. Terenzio Mamiani in seiner anmuthig erdichteten Selbstbiographie des Guido Cavalcanti giebt diesem einen älteren Bruder gleiches Namens, der sich 1267 mit der Tochter des Farinata vermählte; beide Gatten starben früh, tief betrauert von dem jüngeren Bruder! Leider ist jedoch mit dieser Fiction nichts geholfen, wenn doch der jüngere Guido auch bei Mamiani von sich erzählt, dass er im Jahre 1267 das Alter von 13 Jahren erreichte und in einem Brief an Dino Compagni den Ausdruck gebraucht: noi siamo ambedue giovani![2] Der neueste Commentator Dino's, Del Lungo, will die Schwierigkeit dadurch beseitigen, dass er die Erzählung nicht auf den Dichter Guido Cavalcanti, sondern auf einen gewissen Scimia de' Cavalcanti, der bei Dino am andern Ort (I, 23) genannt ist, bezieht. Allein von Guido, dem Sohn des Cavalcante, ist die Rede: es hat nur einen dieses Namens im Hause der Cavalcanti in jener Zeit gegeben,[3] und offenbar ist kein anderer als der Dichter gemeint.

Ein Irrthum des Zeitgenossen Dino, welcher den Guido Cavalcanti persönlich gekannt haben muss, ist unmöglich anzunehmen. Es bleibt nichts übrig, als entweder mit der gegen die Chronik geübten Kritik hier die Fälschung anzuerkennen, oder — den erzählten Vorfall um etwa 20 Jahre zurück zu versetzen, was jedoch wieder nicht zu den übrigen Umständen der Erzählung passt.

---

[1] Villani VIII. 42.
[2] Prose letterarie p. 274 nebst Note 20 und p. 334.
[3] S. hierzu das Schreiben des Conte Passerini, Bibliothekar an der Nationalbibl. zu Florenz, an Fanfani, il Borghini No. 10. 1874 Nov. 15.

Ein ähnlich verzweifelter Fall liegt vor in der Chronik II
c. 7 und 9.[1])

Carl von Va- Keine Thatsache ist besser beglaubigt, als dass Carl von Valois,
lois. II, 7. 9. der päpstliche Friedensstifter, am 1. November 1301, einem Mittwoch, in die Stadt einzog, nachdem ihm die ohnmächtige Signorie der Prioren vom 15. October, welcher Dino Compagni selbst als Mitglied angehörte, sie geöffnet hatte. Der Autor berichtet ausführlich, wie jemand der überall dabei war, über die vorausgegangenen Verhandlungen. Der französische Prinz wurde gebeten, nicht am Tage Allerheiligen, d. i. am 1. November, in die Stadt einzuziehen, weil an diesem Tage das geringe Volk sich ein Fest mit dem neuen Wein zu machen pflege, wobei leicht Unordnungen entstehen könnten. Carl ist mit dem Aufschub einverstanden und beschliesst erst am folgenden Sonntag zu kommen. Und im Einklang hiermit fährt der Autor Capitel 9 fort: Carl kam am Sonntag, den 4. November, in die Stadt und wurde mit ehrenvollem Aufzug empfangen: — nicht ohne einen neuen Fehler hinzuzufügen, denn Sonntag war nicht der 4., sondern der 5. November.[2])

Leggerezza da pazzo, fretta da impostore, ruft Grion aus und auch Scheffer-Boichorst spart nicht den Spott. Der Herausgeber Del Lungo hilft kurz und gut, indem er gegen alle Handschriften mercoledì a dì 1. di novembre in den Text setzt. Also Irrthum der Copisten! Wenn nur nicht die vorausgegangene Uebereinkunft da stände, wonach Carl von Valois eben nicht am 1. November, sondern erst am folgenden Sonntag einziehen sollte! Wurde sie von ihm gebrochen? Wir hören nichts davon und stehen vor einem ungelösten Räthsel.

Weniger erheblich sind für die Frage der Echtheit eine Reihe von unrichtigen Zeitangaben bei Ereignissen der italienischen und Reichsgeschichte, weil dergleichen sich mehr oder

---

[1]) Vergl. hierzu Scheffer-Boichorst S. 142 ff. G. Grion p. 30.
[2]) Unrichtig ist K. Hillebrands Bemerkung (130 Note): L'anonyme de Pistoie donne la même date que Dino (Mur. p. 378). Die Istorie Pist. geben kein Datum an.

weniger überall findet. Ich hebe statt vieler Beispiele nur ein einziges recht auffallendes hervor.

Man sollte doch meinen, dass ein Chronist, der Zeitgenosse war, über ein so wichtiges Datum, wie das der Kaiserkrönung Heinrichs VII in Rom, nicht leicht im Irrthum sein konnte. Compagni's Chronik giebt, wie für die Königskrönung in Mailand das falsche Datum des 25. December 1310 statt des 6. Januar 1311, so für die Kaiserkrönung in Rom den 1. August statt des S. Peterund Paulstags am 29. Juni an. „In welchem Lichte", ruft Scheffer-Boichorst aus (S. 181), „muss dieser Fehler erscheinen, wenn man die angebliche Zeit des Fälschers erwägt." Nun hat aber nicht bloss Villani (IX, 43), aus welchem der Fälscher die ganze Nachricht über die Kaiserkrönung entnommen haben soll, den gleichen Fehler begangen, der doch bei ihm nicht minder auffallend ist, da er Zeitgenosse war; sondern auch der sonst bei seinen Zeitangaben sehr zuverlässige Guilelmus Ventura von Asti, der gleichfalls Zeitgenosse, ungefähr 10 Jahr älter als Dino Compagni war, hohe Staatsämter in seiner Republik bekleidete und sich bei der Ankunft Heinrichs VII in Italien wie bei dessen Krönung in Mailand anwesend befand.[1]) Und dasselbe falsche Datum begegnet uns wieder in der Strassburger Chronik des Matthias von Neuenburg, wie in der von Königshofen.[2]) Der weitverbreitete Irrthum erklärt sich ganz einfach aus der Verwechselung des Peter- und Paulstags mit dem andern Peterstage, Petri Vincula.

Einen der stärksten Beweise für die Unechtheit der Chronik Dino's hat Scheffer-Boichorst (S. 191—196) entdeckt in der Erzählung von der Gesandtschaft des Grafen Ludwig von Savoyen nach Florenz, um die Stadt zum Gehorsam gegen den römischen König aufzufordern, worauf Betto Brunelleschi Namens der Signorie eine trotzige Antwort gab. Unmittelbar vorher geht die Ankunft Heinrichs VII in Pisa am 6. März 1312 mit der Er-

Ludwig von Savoyen III, 532 C.

---

[1]) Chron. Astense, Murat. XI, 236: Qui coronaverunt eum intra ecclessiam sancti Johannis de Laterano in festo beati Petri a Vinculis absoluti primo die Augusti a. 1312. S. über die Glaubwürdigkeit der Chronik von Asti: „Kritische Erörterungen" von D. König, 1874. S. 38 ff.

[2]) Böhmer Fontes IV, 183. Städtechroniken VIII, 463.

wähnung, dass die Florentiner bis dahin unterlassen hätten, Gesandte mit der Obedienzerklärung zu dem König zu schicken. Von derselben Gesandtschaft berichtet Villani (VIII, 120) schon zwei Jahr früher, mit der näheren Angabe, dass sie am 3. Juli 1310 in Florenz eingetroffen und am 12. wieder abgereist sei. Damals war Heinrich VII noch nicht in Italien angekommen; die Gesandtschaft sollte vielmehr seine Ankunft vorbereiten.

Durch gleichzeitige Correspondenzen und Acten ist bewiesen, dass die Nachricht von Villani richtig und die von Compagni falsch ist. An eine Verwechselung von zwei verschiedenen Gesandtschaften im Jahre 1310 und 1312 ist nicht zu denken, denn Ludwig von Savoyen ist 1312 gar nicht nach Florenz gekommen; auch konnte Betto Brunelleschi im J. 1312 keine trotzige Antwort mehr geben, weil ihn schon seit länger als einem Jahr das Grab zudeckte.[1]

Die Ausflucht, dass Dino die Gesandtschaft, obwohl er sie nach der Ankunft Heinrichs VII in Pisa erzählt, nicht bestimmt in dieselbe Zeit setze,[2] hilft nichts, da die Meinung des Autors sich nur zu deutlich in den Schlussworten: ‚partito l'ambasciatore se ne tornò a Pisa' verräth. Unmöglich kann Dino, der mitlebende Zeitgenosse in Florenz, der seine Chronik vor dem Herbst 1312 beendigte, dies geschrieben haben.

Unrichtige Thatsachen.
Die Beweise der Unechtheit der Chronik stützen sich, wie auf chronologische Unmöglichkeiten, so auch auf Unwahrheit der berichteten Thatsachen, insbesondere Unkenntniss der Zustände und Verfassung von Florenz. Man mag dem Autor noch so viel Nachsicht gewähren in dem, was er Unrichtiges über die gleichzeitige Reichs- und Papstgeschichte ‚secondo udienza' bringt, über das, was er selbst sah und hörte, die Ereignisse in Florenz, musste Dino Compagni aufs beste unterrichtet sein.

[1] S. die Beweisstellen bei Scheffer-Boichorst a. a. O.
[2] Dies die Erklärung Del Lungo's nach Mittheilung von Cesare Paoli in dessen Anzeige von Scheffer-Boichorst's Buch, Archivio storico Ital. XX, p. 182 Note.

In Bezug auf die nach dieser Seite hin in einer Reihe von einzelnen Punkten von Scheffer-Boichorst geübte Kritik ist zuvörderst im allgemeinen zu bemerken, dass der Fälscher doch nicht mit Sicherheit schon immer dort zu erkennen ist, wo Dino dem Villani widerspricht, oder wo er Dinge berichtet, die sich weder bei anderen Chronisten, noch in den Urkunden bestätigt finden. Manches auf den ersten Blick Anstössige lässt eine Erklärung zu, um es richtig zu stellen. Sehr behutsam ist besonders bei dem Vorwurf der Unkenntniss der Verfassung und der Gesetze zu verfahren, weil unsere Kenntniss von diesen Dingen nicht anders als mangelhaft und lückenhaft sein kann. Doch sehen wir die Kritik im einzelnen.

Von dem Friedensschluss des Cardinals Latino im Januar 1280 war bereits oben die Rede. Dino berichtet weiter, der Cardinal habe die mächtige Familie der Uberti auf einige Zeit aus der Stadt verwiesen und bestimmt, dass diesen Verbannten von Seiten der Commune eine Geldunterstützung zu gewähren sei, und zwar eine grössere für die Ritter, eine geringere für die übrigen. Doch sei die versprochene Geldhülfe denselben nachmals von den guelfischen Machthabern der Stadt entzogen worden. Scheffer-Boichorst nennt (S. 57) diese ganze Erzählung eine bewusste Lüge des Fälschers, schon desshalb weil die Friedensurkunde des Cardinals Latino nichts davon enthält.[1]) Aber es könnten Zusatzbestimmungen zu dieser hinzugekommen sein, die wir nicht kennen; die blosse Erfindung ist nicht wahrscheinlich. *Chronik I, 3. 4.*

Die Erzählung von dem Kriege der Florentiner gegen Arezzo und die mit ihm verbündeten Gibellinen im J. 1289 erregt gerechte Bedenken bei mehreren Einzelheiten. Dino nennt den Bischof von Arezzo als einen vom Hause Pazzi; nach Villani (VII, 110) *Krieg gegen Arezzo I, 6—10.*

---

[1]) Der Inhalt der Urkunde ist angegeben von Ammirato, Istorie Fiorent. L. 3 (T. I, p. 153) und ausführlicher von Bonaini im Giornale storico degli archivi Toscani III, 181.

war er ein Ubertini, und obwohl noch andere Chronisten mit Dino in diesem Punkt übereinstimmen,[1]) so behält doch vielleicht Villani Recht.[2])

Der Bischof entzweite sich, nach Dino, mit den Bürgern von Siena wegen des Castells Santa Cecilia, das sie ihm genommen hatten (gli avean tolto). Das genannte Castell gehörte, wie Scheffer-Boichorst (S. 62) nachweist, schon lange zum Gebiet von Siena: wie also konnten es die von Siena erst jetzt dem Bischof entreissen? Der Widerspruch ist wohl nur scheinbar. Der Bischof von Arezzo hatte Ende 1285 dasselbe Castell durch die gibellinischen Waffen an sich gebracht; nachher nahmen es die von Siena mit Hülfe der Florentiner wieder ein und zerstörten es von Grund aus.[3]) Dino's kurzer Satz ist missverständlich, als ob die von Siena den Streit mit dem Bischof um das Castell begonnen hätten; aber richtig ist doch, dass dasselbe vorübergehend dem Bischof gehörte.

Als die Florentiner und Guelfen sich zum Kriege gegen Arezzo rüsteten, ernannte Carl von Anjou, König von Sicilien, auf ihr Begehren einen seiner Barone, Messer Amerigo von Narbonne, zum Feldherrn. Dieser war nach Dino ein junger und schöner Ritter, aber noch wenig erfahren im Krieg; doch stand ihm ein alter Ritter, suo balío, nebst anderen kriegserfahrenen Rittern zur Seite. Balío wird in diesem Zusammenhang von den Auslegern

---

[1]) Scheffer-Boichorst S. 64 N. 1 citirt Simone della Tosa, Cronichette ed. Manni p. 153, und bemerkt dabei, dass der Fälscher auch sonst einen Blick in dessen Annalen geworfen habe. Doch Simone della Tosa widerspricht sich selbst, denn eine Seite vorher nennt er den Bischof von Arezzo einen Ubertini: Messer Guglielmo Ubertini vescovo di Arezzo fece rebellare il Poggio di Santa Cecilia a' Sanesi. Der Fälscher hätte also doch besser einen andern benutzt, entweder Ptolemäus von Lucca oder Cantinelli von Faenza, s. Scheffer's Anzeige von Fanfani's Buch in der Jenaer Liter. Z. 1875 no. 9.

[2]) Die blossen Versicherungen der Bibliothekare und Archivare Passerini und Gamurrini, welche Fanfani, Dino vendicato p. 100—104, zu Gunsten Villani's beibringt, haben noch keine Beweiskraft, so lange es den Herren nicht gefällt, die urkundlichen Beweise selbst vorzulegen.

[3]) Paolino Pieri p. 48. Il vescovo d'Arezzo fece torre il poggio di Santa Cecilia un castello de' Sanesi etc. Vergl. Villani VII, 110 und Simone della Tosa a. a. O.

im Sinne von Vormund oder leitender Rathgeber gedeutet, es kann aber auch ein Bailli, Landvogt des Herrn von Narbonne, gemeint sein; und so kommt bei Villani (VII, 131) unter den in der Schlacht bei Campaldino Gefallenen der Ritter Guiglelmo Berardi als balío di messer Amerigo di Narbonne vor, dessen auch hier wieder Dino, aber ohne den Namen zu nennen, gedenkt[1]). Dino, d. i. der Fälscher, wird nun des groben Missverständnisses beschuldigt, dass er, den Villani benutzend, die politische Bedeutung des Wortes balío als bailli nicht gekannt habe.[2]) Indessen ist es gar nicht nothwendig, die andere Bedeutung des Wortes, als Vormund, bei ihm anzunehmen, und von einer Benutzung des Villani ist in der ganzen Erzählung sonst nicht die mindeste Spur zu entdecken. Dem Villani widerspricht Dino nicht bloss bei der Schilderung des neapolitanischen Feldherrn, der sich übrigens vortrefflich bewährte und im folgenden Jahre von dem Guelfenbunde wieder gewählt wurde, sondern auch bezüglich des geheimen Unterhändlers zwischen dem Bischof von Arezzo und den Florentinern, als welchen er Messer Durazzo, Villani aber Messer Marsilio de' Vecchietti nennt.[3]) Die weitere Angabe Dino's (I, 8), dass dieser Messer Durazzo erst vor kurzem von Dino, genannt Pecora, welcher zur Zeit zugleich mit Dino Compagni im Priorat sass, zum Ritter geschlagen worden sei, giebt unserem Kritiker (S. 65) zu dem Zweifel Anlass, wie doch ein schlichter Zunftmeister Ritter schlagen konnte, denn die geringste Forderung sei doch, dass der zum Ritter Schlagende selbst Ritter sei? Hierbei ist nur übersehen, dass Dino Pecora nicht bloss Zunftmeister, sondern Prior war, also im Namen der Signorie und des Volks von Florenz die Ritterwürde verliehen hat, wie dies häufig genug in dieser wie in anderen italienischen Städterepubliken geschah[4]).

---

[1]) I, 10: Assai pregio v'ebbe il balío del capitano e fuvvi morto.
[2]) G. Grion p. 14. Scheffer-Boichorst S. 63.
[3]) Scheffer-Boichorst S. 65, Note 2 nimmt bei Dino Verwechselung mit einem älteren Durazzo de' Vecchietti an, was ich dahin gestellt lassen muss.
[4]) Die Beispiele der cavalieri di popolo bei Villani IX, 33, bei Dino im 3. Buch Mur. 530 E, 531 C sind von Scheffer-Boichorst selbst am andern

Uebrigens gebe ich zu, dass die viel gerühmte Beschreibung von der Schlacht bei Campaldino (I, 10) mehr rhetorisch und anekdotenhaft als von sachgemässer Deutlichkeit ist und in letzterer Hinsicht hinter der von Villani (VII. 131) zurücksteht. Auch ruft die Erzählung des weiteren Verlaufs des Kriegs bei Dino noch andere Bedenken hervor, auf die ich der Kürze wegen nicht näher eingehen will.[1])

Ordnungen d. Gerecht. I, 11. Die Chronik Dino's handelt in einem sehr kurzen Capitel von den Ordnungen der Gerechtigkeit gegen die Granden und fasst den Inhalt der weitläufigen Statuten in einige wenige Sätze zusammen, wie wenn er, ohne den Wortlaut selbst vor Augen zu haben, nur aus seiner Kenntniss oder Erinnerung die Hauptpunkte hervorheben wollte. Dabei ist nun aber mehreres theils unrichtig, theils nur halb gesagt. Der Satz, dass jede Familie, welcher Ritter angehörten, zu den Granden gerechnet werden sollte, findet sich nicht in den Statuten und ist sicher in dieser Allgemeinheit falsch.[2]) Der folgende Satz, dass solche Familien nicht zu den

Ort S. 187 erwähnt. Ein anderes aus dieser Zeit giebt Giovanni di Lelmo von San Miniato, Lamii Deliciae p. 86: e messer Nello in nome di detto Comune e popolo li cinse la spada.

[1]) Um nur eins zu bemerken, so steht der Satz Dino's: Di poi andarono a Bibbiena e quella presono e disfeciono le mura, nachdem vorher erzählt worden, dass die Sieger sich vor Arezzo gelagert hätten, gewiss an unrechter Stelle. Das Castell Bibbiena, welches dem Bischof von Arezzo gehörte, lag ganz in der Nähe des Schlachtfeldes von Campaldino im oberen Arnothal und wurde von den Siegern gleich nach der Schlacht, bevor sie nach Arezzo zogen, genommen und zerstört: Paolino Pieri p. 53, Villani VII, 132.

[2]) Nach welcher allgemeinen Regel zuerst eine Anzahl florentinischer Adelsfamilien zu Magnaten erklärt wurden, finde ich nirgends. Später geschah diese Art der Proscription in jedem einzelnen Fall durch Staatsbeschluss als Strafe für Verbrechen oder Gewaltthätigkeiten; s. das Statut De causis faciendi magnates, Statuta populi et communis Flor. T. I, p. 429. Ein Verzeichniss der Magnaten um 1295 nach Stadtsechsteln steht: Storia della guerra di Semifonte, 1753, in Einl. p. LX, ein anderes nach Stadtvierteln in Statuta I, p. 444 sq.

Aemtern der Prioren und des Gonfalonier di Giustizia gewählt werden durften, wird gleichfalls von Scheffer-Boichorst (S. 99) bestritten, welcher meint, dass auch Ritterbürtige, vorausgesetzt dass sie ihr Wappen ablegten und sich dauernd einer Zunft anschlossen, in die Signorie der Prioren eintreten konnten, wie dies das Beispiel des Dichters der göttlichen Komödie beweise. Allein nicht von Ritterbürtigen, sondern von erklärten Magnaten ist bei Dino die Rede,[1]) und von diesen gilt es, dass sie von den Aemtern der Signorie ausgeschlossen waren, wie alle florentinischen Chronisten, von Villani (VIII, 1) an bis auf Machiavelli herunter (Istorie Fior. L. 2), im Einklang mit den Statuten aussagen.[2])

Unvollständig und ungenau ist ferner die Angabe Dino's, dass die alten Prioren mit gewissen Beigeordneten (arroti) die neuen wählen sollten. Denn nach den Statuten der Ordnungen wurde das Wahlcollegium aus den Vorstehern der 12 oberen Zünfte (capitudines 12 majorum artium) und den von den Prioren gewählten weisen und guten Männern gebildet, welche zunächst über den Wahlmodus zu beschliessen hatten.[3]) Bei Dino sind also die Zunftvorsteher übergangen oder mit unter den arroti begriffen. Der Ausdruck arroti, obwohl nicht in den Ordnungen gebraucht, ist der gewöhnliche technische der Statuten:[4]) Dino braucht ihn wie Villani an anderer Stelle (VII, 79), und es ist desshalb durchaus nicht nöthig auf Benutzung des Villani bei jenem zu schliessen.

Endlich in dem Schlusssatze Dino's: „Und auf diese Dinge verpflichteten sie die 24 Zünfte, indem sie deren Consuln eine gewisse Vollmacht ertheilten (dando a loro consoli alcuna balia)", will Scheffer-Boichorst (S. 101) ein ganzes Nest von Unrichtigkeiten entdeckt haben. Denn die Zahl der Zünfte war nicht 24,

---

[1]) *S'intendessono essere grandi* e che non potessono essere de' Signori. Der zweite Satz ist Folge des ersten.

[2]) S. mein Programm über die Ordinamenta just. S. 15. 20 und Statuta T. I, p. 508.

[3]) S. die Stelle bei Scheffer-Boichorst S. 100.

[4]) Nicht bloss in der gedruckten Statutensammlung von 1415, sondern auch in der ungedruckten Redaction von 1321 (1322) ist in den Statuten des Capitan del Popolo L. V Rubr. 50 von der Prüfung der arroti die Rede.

sondern 21; die Vorsteher der Zünfte hiessen damals nicht Consuln, sondern capitudines, und es wurde denselben in den Ordnungen von 1293 nicht eine Vollmacht ertheilt, sondern vielmehr eine Pflicht auferlegt.

Dass die Zahl der politischen Zünfte, früher wie später bis zum Ende der Republik, auf 21 feststand [1]) — und zwar 12 obere (maggiori) und 9 untere (minori), oder 7 obere und 14 untere — ist eine so bekannte Sache, dass ein Irrthum hierüber auch bei einem späteren Fälscher undenkbar ist: hier wenigstens ist unzweifelhaft ein Fehler der Copisten anzunehmen.[2])

Die Behauptung Scheffer-Boichorst's aber, dass der Consultitel für die Vorsteher der Zünfte zur Zeit Dino's nicht mehr üblich gewesen und erst in einem späteren (dem 15.) Jahrhundert wieder aufgenommen worden sei, beruht auf Irrthum. Nicht nur die Ordinamenta justitiae von 1293 gebrauchen die Ausdrücke consul, capitudo vel rector alicujus artis als gleichbedeutend,[3]) sondern auch in den Rathsprotokollen dieser Zeit sind häufig Consuln der Zünfte genannt;[4]) sie finden sich namentlich aufgeführt in den Matrikeln der Zünfte aus dem 13. und 14. Jahrhundert,[5]) und die noch vorhandenen Statuten der Zünfte aus derselben Zeit handeln ausführlich von der Wahl wie von den Befugnissen der Consuln.[6]) So redet auch Villani von Consuln der Zünfte ebenso gut im 14. wie im 13. Jahrhundert und gebraucht daneben die

---

[1]) Nur vorübergehend wurden sie in dem tumulto de' ciompi 1378 durch zwei neue aus dem popolo minuto vermehrt.

[2]) Del Lungo hat die richtige Zahl ohne weiteres in den Text gesetzt.

[3]) Diese Stelle will Scheffer-Boichorst als vereinzelte nicht gelten lassen.

[4]) S. die Auszüge aus den Rathsprotokollen bei Gaye, Carteggio d'artisti T. I im Anhang p. 417 aus den Jahren 1286 und 1287: cognita voluntate *consulum* septem majorum artium; p. 429 aus dem Jahre 1296: pro parte *consulum* Calismale.

[5]) S. die Verzeichnisse bei San Luigi, Delizie degli eruditi Toscani T. VIII, p. 195--214.

[6]) Ich sah und excerpirte die ungedruckten Statuten der Zünfte im Jahre 1838, als ich mich mit der Verfassungsgeschichte von Florenz beschäftigte, im Archivio del magistrato supremo. Die der Wechsler datiren von 1300 und 1316, die der Porta S. Maria oder Seidenzunft von 1335 u. s. w.

Bezeichnung capitudini in der allgemeinen Bedeutung von Zunftvorstehern, gerade so wie dieselbe noch im 16. Jahrhundert der Geschichtschreiber Varchi erklärt.[1]

Was endlich die nach Dino den Consuln der Zünfte ertheilte Vollmacht bezüglich der Ausführung der Ordnungen der Gerechtigkeit betrifft, so findet sie sich wirklich in den Statuten bestätigt. Denn im ersten Artikel derselben (De societate, unione, promissione et juramento artium) wird den Zunftvorstehern zur Pflicht gemacht, nicht allein jede von den Magnaten verübte Gewaltthat anzuzeigen und die Behörden bei deren Bestrafung zu unterstützen, sondern auch dafür Sorge zu tragen, dass letztere ihre Schuldigkeit thun. Dies ist gewiss ebenso gut Vollmacht wie Verpflichtung.[2]

Wenn ich soeben die Chronik Dino's in Schutz genommen habe wegen der beanstandeten Consuln der Zünfte, so nehme ich dagegen um so grösseren Anstoss an einer andern Stelle, wo von „72 Gewerben der Zünfte, welche alle Consuln haben", die Rede

---

[1] Villani X, 111, wo er von der Verfassungsreform im Jahre 1328 handelt: col consiglio di *sette capitudini* delle maggiori arti, due *consoli per arte*. Varchi, Storia Fior. L. III, wo er die Verfassung der Republik in ihrer letzten Zeit beschreibt (ed. Arbib. Fir. 1843, T. I, p. 222): e faccendo lor *consoli, sindachi e altri ufizi* — e nelle processioni e altre ragunanze pubbliche che si facevano, avevano *le capitudini (che così si chiamavano i capi di cotali arti)* i luoghi loro e preminenze etc. Varchi erklärt den Ausdruck capitudini, weil dieser zu seiner Zeit nicht mehr üblich war; und nichts weiter beweist auch die Stelle einer anderen Verfassungsbeschreibung, auf welche sich Scheffer-Boichorst beruft: *Le capitudini* delle arti erano 21, *oggi li chiamiamo consoli*. Diese Schrift, von einem unbekannten Autor des 15. Jahrhunderts, hat jetzt Gino Capponi, Storia della repubblica di F. I im Anhang no. 2 aus San Luigi Delizie T. IX wieder abdrucken lassen; s. hier die cit. Stelle p. 558.

[2] Et *effectualiter procurare*, quod ipsa regimina et quodlibet eorum et quilibet offitiales cum effectu et celeriter provideant. Dieser ganze Artikel fehlt in dem Abdruck bei San Luigi, Delizie IX, 305 und ist desshalb wohl von Scheffer-Boichorst, indem er nur den letzteren, nicht den besseren bei V. Finoschi, Memorie storiche etc. benutzte, übersehen worden.

ist.¹) Die Mehrzahl der 21 politischen Zünfte umfasste unter dem Namen des Zunfthauses, wie z. B. Porta S. Maria für die Seidenzunft, oder des vorherrschenden Gewerbes, wie z. B. die Wollzunft (della Lana), noch andere zum Theil sehr verschiedenartige Gewerbe; so die Porta S. Maria ausser den Seidenhändlern und Seidenarbeitern auch die Goldarbeiter, Tapezierer, Schneider und andere; die Zunft der Schmiede (fabbri) alle Arten von Eisenarbeitern, wie Grobschmiede, Nadler, Messerer, Schwertfeger und andere. Diese einzelnen Gewerbe bildeten innerhalb der Zunft besondere Abtheilungen, membra genannt, mit eigenen Vorstehern, rectores.²) Mag es nun mit der Zahl von 72 Gewerben bei Dino seine Richtigkeit haben,³) so ist doch sicher falsch, dass deren Rectoren jemals den Consulntitel gleichwie die Vorsteher der Zünfte geführt hätten. Es bleibt daher nur übrig, um die Echtheit der Chronik an dieser Stelle zu retten, die Worte i quali aveano tutti consoli für einen übel angebrachten Zusatz der Copisten zu erklären.

Dino als Gonfalonier I, 12. Mit den Ordnungen der Gerechtigkeit hängt noch eine andere bedenkliche Stelle in der Chronik zusammen, wo Dino Compagni von sich selbst erzählt, dass er als Gonfalonier di Giustizia im Jahre 1293 (15. Juni bis 15. August) dieselben zum ersten mal gegen das Geschlecht der Galligai durch Zerstörung ihrer Häuser

---

¹) II, 7: Richiesono adunque il consiglio generale della parte guelfa *e de' settanta due mestieri d'arti i quali aveano tutti consoli.*

²) So nach den handschriftlichen Statuten der Zünfte aus dem 14. Jahrhundert s. o. Ganz richtig sagt daher auch Varchi in seiner schon citirten Verfassungsbeschreibung: E sebbene in Firenze si trovavano molte più arti e mestieri, che queste non sono (nämlich die 21), non perciò avevano collegio proprio, ma si riducevano *come membri sotto alcuna delle ventuna prenarrate.*

³) Del Lungo verspricht im Commentar zu dieser Stelle im Anhang seiner Ausgabe zwei Rathsbeschlüsse von 1314 und 1316 zu bringen, worin 73 Handwerkerinnungen aufgeführt sind.

in Anwendung gebracht habe, nachdem einer von ihnen einen Todtschlag an einem andern Florentiner in Frankreich begangen hatte.¹)

Alle anderen florentinischen Chronisten, von Villani an bis auf Ammirato herunter, schreiben diese denkwürdige erste Execution dem ersten Gonfalonier Baldo Ruffoli (1293, 15. Febr. bis 15. April) zu und nennen abweichend das Geschlecht, über welches sie erging, Galli oder Galletti.²) Wenn Dino Compagni selbst der Verfasser der Chronik war, so würde sein Zeugniss alle übrigen aufwiegen, denn es ist unmöglich über eine Handlung, die er selbst ausgeführt haben will, einen Irrthum bei ihm anzunehmen, oder er müsste eine dreiste Unwahrheit gesagt haben. Und doch?

Dino zerstörte, wie er erzählt, die Häuser der Galligai und Geschlechtsgenossen und beruft sich dabei auf das Gesetz. Aber die Ordnungen der Gerechtigkeit verlangten im gegebenen Fall wie billig nur die Zerstörung der Häuser und Güter des Thäters allein.³) Man könnte nun wohl zu Gunsten der Erzählung Dino's einwenden, dass auch Villani und die späteren Chronisten, die ihm folgten, gleichfalls von der Zerstörung der Häuser des ganzen Geschlechts berichten.⁴) Allein das Missverständniss, welches wohl Villani begehen konnte, lässt sich dennoch nicht bei Dino rechtfertigen, bei welchem es unmöglich anzunehmen ist. Auch hat schon Marchionne Stefani in seiner Chronik aus dem 14. Jahrhundert den Irrthum der anderen berichtigt.⁵)

---

¹) E io Dino Compagni, ritrovandomi Gonfaloniere di Giustizia nel 1293, andai alle loro case e de' loro consorti, *e quelle feci disfare secondo le leggi.*

²) Scheffer-Boichorst S. 105 nennt aus Versehen hier und an anderer Stelle den Gonfalonier Baldo *Ridolfi* statt Ruffoli.

³) S. die von Scheffer-Boichorst S. 104 cit. Stelle, so wie auch mein Programm S. 17.

⁴) Villani VIII, 2: uscì fuori il Gonfalone con arme a disfare i beni *d'uno casato detto Galli* per uno micidio *che uno di loro* avea fatto; ebenso Machiavelli L. 2 und Ammirato L. IV.

⁵) Buch I, Rubr. 196. 198 (San Luigi, Delizie T. VIII, 62, 63): E la deliberazione ad audare *a casa del detto grande* e quivi disfare la casa e pubblicare i beni. — *E disfece le sue case.* Die Berichtigung

Soll man nun der Chronik Dino's glauben, dass nicht Baldo Ruffoli, der erste Gonfalonier, die erste Execution über einen schuldigen Magnaten gemäss den neuen Ordnungen verhängte, sondern Dino, der dritte, und ferner glauben, dass dieser selbst das Gesetz gewaltsam missbrauchte?

Chronik I, 19. Einen andern Beweis offenbarer Fälschung und Erdichtung findet Scheffer-Boichorst (120—125) in der folgenden Erzählung: Von den schlechten Bürgern (pessimi cittadini), wie der Autor die Machthaber der Guelfenpartei nennt, wurde ein armer Edelmann Messer Monfiorito aus Padua als Podestà nach Florenz berufen. Dieser verkehrte, nach dem Belieben derselben, in seinem Gericht das Unrecht in Recht und das Recht in Unrecht. Endlich wird der allgemeine Unwille hierüber so gross, dass die Bürger aufstehen, den Podestà und einige seiner Diener festnehmen und zur gerichtlichen Verantwortung ziehen. Weiter finden sich auch zwei der angesehensten Bürger und Richter, Niccola Acciajuoli und Messer Baldo Aguglione in die Sache verwickelt, welche der Fälschung und des Betrugs überführt zu schweren Geldstrafen verurtheilt werden.

Villani erwähnt diese Geschichte gar nicht. Doch gedenkt der Zeitgenosse Paolino Pieri desselben Vorfalls und auch der spätere Simone della Tosa.[1]) Durch den ersteren erfahren wir, dass Messer Monfiorito von Coderta aus der Mark Trevigi zu Anfang des Jahres 1299 als Podestà auf die gesetzliche Zeit von 6 Monaten ins Amt eintrat, aber schon nach 4 Monaten wegen

---

ist um so bemerkenswerther, als Stefani in dem ersten Theil seiner Compilation hauptsächlich nur einen kurzen Auszug aus Villani giebt. Bei einem ähnlichen Fall, der sich zu San Miniato ereignete, beschränkte man sich auf die Zerstörung desjenigen Theils des Familienhauses der Ciccioni, der dem schuldigen Thäter Piglio Ciccioni gehörte. Giov. di Lelmo a. a. O. p. 88: Corsero a casa di detto Piglio e quella per la parte gli toccava spianarono sino ai fondamenti.

[1]) Paol. Pieri p. 61, Simone della Tosa in Cronichette p. 157.

schlechter Aufführung abgesetzt und ins Gefängniss gebracht wurde, aus welchem er nachher durch Flucht entkam. Simone della Tosa, der den Podestà gleichfalls Monfiorito von Trevigi nennt, fügt hinzu, dass auch viele Florentiner wegen Betrugs (trabalderie) verurtheilt wurden.

Scheffer-Boichorst meint, der Fälscher Dino's habe nur diese beiden Chronisten vor Augen gehabt, alles andere aber erlogen und „in einem Anfall von grenzenlosem Uebermuth" zwei ehrenwerthe Bürger zu gemeinen Verbrechern gestempelt. Ich bin durch seine Beweisführung nicht überzeugt worden. Der Widerspruch zwischen Dino und seinen angeblichen Quellen in Bezug auf die Herkunft des Podestà Monfiorito aus Padua, statt aus Treviso, lässt sich als eine ganz unnöthige Aenderung bei dem Fälscher schwer begreifen. Nach Dino verwendeten sich die Paduaner für den gefangenen Monfiorito. Es ist gewiss, dass er aus der Mark von Treviso stammte, aber auch, dass er sich erst 1320 mit der Stadt aussöhnte.[1]) Vermuthlich gehörte er zu den durch den „guten Gerard" von Cammino — wie Dante ihn Pargat. XVI nennt — Vertriebenen, als dieser sich dort im Jahre 1283 der Herrschaft mit Gewalt bemächtigte,[2]) und fand mit anderen Guelfen in Padua, dem Haupt der Guelfen in jener Gegend, Aufnahme und eine neue Heimat. Natürlich hat sich nicht der Herr von Treviso für den gefangenen Monfiorito bemüht, so lange er ein Feind der Stadt war.

Der ungerechte Podestà wurde nach Dino's Erzählung im Criminalverfahren auf die Folter gebracht; die Bürger wurden uneinig, ob man mit dem Foltern fortfahren solle; dies geschah auf Verlangen des Piero Manzuolo. Scheffer-Boichorst glaubt den Fälscher hier auf frischer That zu ertappen. Nur ein Prior, so argumentirt er, konnte sich einen solchen Befehl herausnehmen: doch habe sich der Fälscher in der Person vergriffen, indem er wie gewöhnlich das Priorenverzeichniss von Stefani zur Hand nahm; denn Piero Manzuolo war nach eben diesem Verzeichniss

---

[1]) Scheffer-Boichorst S. 122.
[2]) Chron. Franc. Pippini c. 30 bei Muratori IX, 731.

nicht Prior im Mai 1299, als das Stück spielte, sondern ein Jahr früher. Unser Kritiker irrt in der Voraussetzung. Die Prioren hatten nichts mit der Untersuchung gegen einen verbrecherischen Podestà, überhaupt nichts mit dem Criminalgericht zu thun. Die Untersuchung über die Amtsführung eines Stadtrichters stand regelmässig nach Ablauf des Amts einem Syndicat von 6 Bürgern (nach Stadtsechsteln gewählt), später von 8 Bürgern (2 aus jedem Stadtviertel) unter Vorsitz des Esecutore di giustizia zu, von dessen Ausspruch keine Appellation mehr stattfand.[1]) Piero Manzuolo „uno dei cittadini" war nicht Prior, sondern einer der Syndici, unter denen die Meinungsverschiedenheit entstand.

Eine schändliche Verläumdung des Fälschers gegen ehrenwerthe Bürger soll es sein, was Dino von Niccola Acciajuoli und Baldo Aguglione erzählt, dass sie der Urkundenfälschung überführt, der eine zu 3000 Lire, der andere zu 2000 Lire und Verbannung auf ein Jahr, verurtheilt wurden;[2]) und zwar desshalb, weil die genannten Männer auch nachher in Aemtern und Würden, der Richter Niccola Acciajuoli sogar noch in demselben Jahr 1299 als Prior, vorkommen.[3]) Dies beweist jedoch nicht, dass die, welche Dino pessimi cittadini nennt, ehrenwerthe Bürger waren. Bei der damaligen Parteiherrschaft in Florenz, wie sie nicht bloss er schildert, waren Einfluss und Macht nicht durch den sittlichen Werth und Massstab bedingt.

Auch Dante nennt den Baldo Aguglione mit dem Betrüger Bonifacio da Signa in einer Reihe und wendet sich mit Ekel ab von dem Gestank, den solche Leute in Florenz verbreiteten (Parad. XVI, 55), und über das berühmte Staatsgesetz von 1311, die Reformatio Domini Baldi de A., welches Scheffer-Boichorst demselben zum Verdienst anrechnet, urtheilt der florentinische

---

[1]) So nach den ungedruckten Statuta Potestatis von 1322 L. I. R. 1, und von 1355 L. I. R. 9, wie nach den gedruckten Statuta communis et pop. Flor. von 1415 Lib. I Rubr. 62 (T. I, p. 72 sq.).

[2]) Die fabelhaften Summen von 300,000 und 200,000 Lire, welche Scheffer-Boichorst angiebt, sind offenbar unrichtige Lesart. Muratori's Text hat nur 300 und 200. Ich folge Del Lungo.

[3]) Scheffer-Boichorst S. 123.

Staatskanzler Leonardus Aretinus, welcher die Geschichte der Stadt im Geist und in der Sprache des classischen Alterthums schrieb, ganz anders: denn er sagt, Baldo Aguglione habe dem wohlgemeinten Staatsbeschluss durch einen nichtswürdigen juristischen Kunstgriff eine solche Wendung gegeben, dass er dadurch seinen Privathass befriedigte.[1]) — Bis ein besserer Beweis von der Ehrenhaftigkeit dieser florentinischen Juristen erbracht wird, kann man den Vorwurf schändlicher Verläumdung von Dino Compagni getrost zurückweisen.

Noch in einem andern Falle kann ich der Kritik von Scheffer-Boichorst (S. 154—157) nicht beistimmen. Es ist der folgende. Nach dem Einzuge des päpstlichen Friedensstifters Carl v. Valois in Florenz am 1. November 1301, wovon bereits oben (S. 32) die Rede war, und nachdem Corso Donati mit anderen Führern der schwarzen Guelfen sich der Stadt bemächtigt hatte, wurde die regierende Signorie der Prioren vom 15. Oktober, welcher Dino Compagni als Mitglied angehörte, obwohl ihre Amtsperiode gesetzlich bis zum 15. December dauerte, sofort aufgelöst und durch Neuwahl ersetzt. Wie Dino berichtet, verboten die neuen Prioren, welche am 8. November eintraten, ihren Vorgängern bei Todesstrafe ferner noch an irgend einem Orte zusammenzukommen. Hiermit im vollen Widerspruch scheint ein Rathsprotokoll vom 7. November zu stehen, welches zuerst Grion (p. 33) im Auszuge, sodann Scheffer-Boichorst (S. 244 Beil. 2) vollständiger mitgetheilt hat, wonach den bisherigen Prioren und dem Gonfalonier freigestellt wurde, ausserhalb des Signorenpalastes sich aufzuhalten (morari et esse), wo sie wollten. „Dino's Lüge enthüllt zu haben, ist das Verdienst des Herrn Grion", anerkennt Scheffer-Boichorst (S. 155).

Chronik II, 19.

---

[1]) Hist. Florent. Argentorati 1610 p. 88 am Ende des 1. Buchs: Is privatim odio in quosdam accensus, ut est id genus hominum subtile ac maleficum, deprehendit posse etiam in beneficio populi locum esse nocendi etc.

Sicht man jedoch die Urkunde an, so findet sich, dass es sich um eine Rathsversammlung vom 7. November handelt, welche noch von den alten Prioren einberufen wurde. Diese selbst nämlich gaben sich schmählicher Weise dazu her, der Gewaltthat ihrer Gegner den Schein der Gesetzlichkeit zu leihen, indem sie ihre eigene Absetzung decretirten und für die übrige Zeit ihrer Amtsdauer die neuen Prioren mit ausserordentlichen Vollmachten bekleideten, wobei sie selbst sich das Recht des Zusammentrittes am anderen Ort vorbehielten und sich zum voraus gegen jede Entschädigungsforderung unter dem Titel von Defecten an Waffen und Mobiliar im Priorenpalast verwahrten. Es ist begreiflich genug, dass die neuen Prioren als Werkzeug einer mit gesetzloser Willkür herrschenden Partei, ihren Vorgängern das gefährliche Recht, fernere Zusammenkünfte an anderen Orten zu halten, entzogen und sogar Todesstrafe darauf setzten. Dino steht nicht im Widerspruch, sondern im besten Einklang mit der Urkunde, welche vielmehr zur Erklärung seiner Angabe dient. Alles was man gegen ihn sagen kann, beschränkt sich darauf, dass er des früheren Vorbehalts der alten Prioren nicht ausdrücklich gedacht hat. Aber es ist doch eine starke Zumuthung des Kritikers, dass wir desshalb mit ihm glauben sollen, der Fälscher habe etwa die angezogene Urkunde benutzt und deren Inhalt absichtlich in das Gegentheil verkehrt! Leichter ist es, wenigstens in diesem Fall, an die Echtheit der Chronik zu glauben, als solchen Beweis ihrer Unechtheit anzunehmen![1]

Mit der eben erwähnten historischen Thatsache, welche durch das Rathsprotokoll vom 7. November 1301 bestätigt wird, dass die Signorie der Prioren vom 15. Oktober schon vor Mitte November den Platz, der ihr gesetzlich bis zum 15. December

---

[1] Den gleichen Einwand in Betreff des Rathsprotokolls vom 7. Nov. 1301 haben schon G. Monod in der Revue critique 1872 gegen Grion und neuerdings C. Paoli gegen Scheffer in Archivio stor. Ital. XX p. 180 Note erhoben. Scheffer-Boichorst meint jedoch, dass man auf solche Weise aus kurz lang machen könne und bleibt dabei, dass der Fälscher trotz der Urkunde, die er benutzte, gelogen habe!

gebührte, räumen musste, hält Scheffer-Boichorst S. 212 die Verse der göttlichen Komödie Purgat. VI, 142 zusammen:

— che fai tanto sottili
Provvedimenti, ch' a mezzo Novembre
Non giunge quel che tu d' Ottobre fili;

und stellt die anziehende Vermuthung auf, dass der Dichter wohl an jenes Ereigniss, mit welchem seine Daten gut zusammentreffen, gedacht haben möchte. Ich füge hinzu, dass bereits Scipio Ammirato ganz denselben Gedanken an der hierher gehörigen Stelle seiner florentinischen Geschichte ausgesprochen hat.[1])

Unter den Machthabern der schwarzen Guelfen, welche seit November 1301 in Florenz regierten, stand Messer Rosso della Tosa als der eigentliche Urheber des Parteistreites voran. Dino erzählt im 3. Buch, wie er durch einen unglücklichen Zufall den Tod fand. Seine beiden Söhne, Simone und Gottfrid, wurden von der Guelfenpartei zu Rittern gemacht und reich mit Geld beschenkt. Sie wollten, um dem Vater nachzustreben, die Würde aufrecht erhalten, begannen aber zu sinken, während ihr Verwandter Messer Pino in kurzer Zeit emporkam. [Chronik III, 531 B.]

Scheffer-Boichorst will beweisen (S. 187), dass diese Erzählung Dino's auf blosser Phantasie des Fälschers beruhe. Zwar aus Villani lassen sich diesmal seine Angaben nicht berichtigen, denn der letztere erwähnt nichts von dem Tode des Rosso und der Ehre, die seinen Angehörigen widerfuhr. Aber wir wissen durch den Chronisten Simone della Tosa, dass Rosso im Juli 1309 starb; ferner finden sich zwei von den genannten Angehörigen, Gottfrid und Pinuccio, schon 1301 und 1303 im Amt als Podestà von Monte di Croce und zum Podestà, meint Scheffer-Boichorst, wurden doch wohl nur Ritter genommen. Also ist ihnen die Ritterwürde nicht erst nach dem Tode des Rosso ertheilt worden.

[1]) Istorie Fiorent. L. IV Ausg. von 1647 T. I p. 214. ed da F. Ranalli. Fir. 1846, I p. 383.

Doch die Voraussetzung ist irrig. In den Orten des Gebiets von Florenz wurden keineswegs Ritter als Podestà bestellt. Aus den Statuten von Florenz ergiebt sich, dass nicht einmal der von Florenz ernannte Podestà von Pisa, nachdem diese Stadt 1406 der florentinischen Herrschaft unterworfen worden, Ritter sein musste, sondern ein rechtsgelehrter Doctor und vor allem ein Popolan und Guelfe.[1]) Noch viel weniger war dies der Fall bei den Podestà der kleineren Orte, welche nichts als gewöhnliche Landrichter waren und mit sehr geringer Competenz auf die Zeit von 6 Monaten bestellt wurden.[2]) In dem genannten Castell Monte di Croce im Val di Sieve, welches von den Grafen Guidi an das Bisthum von Florenz überging, setzte der Bischof den Podestà ein.[3]) Dieser war zur Zeit, bei der wir stehen, Lottieri della Tosa: begreiflich, dass er seine Verwandten berücksichtigte. Auch darin kann ich keinen Grund sehen, die Angaben Dino's zu bezweifeln, dass von den Söhnen Rosso's, der eine, Simone della Tosa, später eine hervorragende Rolle in Florenz spielte; Dino konnte bis 1312, als er zu schreiben aufhörte, davon noch nichts wissen.

Noch manches andere wäre zu erwähnen, was die scharfsichtige Kritik Scheffer-Boichorst's in Dino's Chronik als chronologische Unrichtigkeit oder thatsächliche Unwahrheit aufgedeckt hat. Man könnte weiter versuchen, einzelnes zu erklären oder zu rechtfertigen; allein man würde auch wieder auf andere dunkle Punkte kommen, welche mit den sonst bekannten Thatsachen im Widerspruch stehen und ungelöste Räthsel bleiben, bis entweder die fortgesetzte Quellenforschung eine unerwartete Aufklärung bringt oder die Fälschung der Chronik von Anfang bis zu Ende ausgemacht ist. Hierher gehört z. B. die Erzählung

---

[1]) Statuta Florentiae T. III p. 516.
[2]) Die Competenz war in Civilsachen auf 25 Lire für die Podestà im Umkreis von 10 Miglien beschränkt, auf 50 Lire für die in weiterer Entfernung. Ib. p. 621, Rubr. 59.
[3]) Repetti, Dizionario della Toscana unter Monte di Croce.

von der Entzweiung zwischen Corso Donati und den Cerchi wegen einer Heirat, die der genannte Corso mit einer Tochter des Messer Accerrito da Gaville schloss, welche eine Erbin war (I, 20): wo Scheffer-Boichorst (S. 126) durch Urkunden beweist, dass Messer Accerrito mehrere Söhne hatte; ferner die wiederholte Angabe Dino's (II, 10. 23), dass die Cerreti aus alten Gibellinen schwarze Guelfen geworden seien, wogegen unser Kritiker (S. 160 f.) verschiedene Urkunden aufbringt, wonach sie schon früher Guelfen waren. Doch ich wende mich zu der anderen Reihe von Beweisen der Unechtheit, welche aus dem Verschweigen wichtiger Momente der Zeitgeschichte und aus den inneren Widersprüchen der Chronik hergenommen sind.

2. Aus dem blossen Verschweigen historischer Thatsachen ist selbstverständlich noch kein sicherer Schluss auf das Nichtwissen des Autors zu ziehen. Es war gar nicht die Absicht von Dino Compagni, kann man sagen, die Zeitgeschichte mit einer gewissen Vollständigkeit darzustellen, sondern, wie er selbst im Vorwort ankündigt, hauptsächlich nur die Ereignisse um das Jahr 1300 zu erzählen. Seine Chronik ist daher lückenhaft in den früheren wie in den späteren Jahren; sie bindet sich auch nur wenig an die Zeitfolge der Begebenheiten. In den letzten Jahren tritt der Romzug Heinrichs VII und die Politik der Guelfenpartei in den Vordergrund; die spezielle Geschichte von Florenz ist in diesem Theil gänzlich vernachlässigt: unerwähnt bleibt die Einsetzung des Executors der Gerechtigkeit, des dritten Stadtrichters neben Podestà und Volks-Capitan, im März 1307, der Besuch des Königs Robert von Neapel in Florenz im September 1310, die Amnestie der Verbannten im September 1311, selbst der Achtspruch des Kaisers gegen die Stadt im December desselben Jahres.[1]) Nur noch einmal kommt der Autor auf die florentinischen Geschichten zurück, um den Untergang der Häupter der Schwarzen, der schlechten Bürger, welche die

Verschweigen der Thatsachen.

---

[1]) Scheffer-Boichorst S. 198. 199.

Stadt verdorben haben, zu berichten. Man kann es wohl erklärlich finden, dass der Zeitgenosse vieles, was er noch hätte erzählen können, übergangen hat. Man kann es wenigstens durchaus nicht leichter erklärlich finden, dass ein späterer Fälscher, der die Quellen der Zeitgeschichte kannte und sie, wie man jedenfalls zugeben muss, mit vieler Kenntniss und nicht geringer Geschicklichkeit benutzte, jene wichtigen Thatsachen unerwähnt gelassen haben sollte.

Doch lässt sich das Argument aus dem Stillschweigen des Autors nicht überall auf gleiche Weise beseitigen. Bedenklich ist allerdings das Schweigen, wo es wie ein Nichtwissen erscheint, wenn es sich um Dinge handelt, die in den Zusammenhang der Erzählung gehören und über welche überdies der Autor, wenn er Dino Compagni war, sehr genau unterrichtet sein musste.

Chronik I, 7—10.

Dino erzählt den Krieg gegen Arezzo im Jahre 1289. Damals sass er unter den Prioren vom 15. April. Mehrere von den Raths-Verhandlungen aus dem Jahre 1290, die wir durch die Protokolle kennen,[1]) beziehen sich auf die Fortsetzung des Krieges gegen Arezzo und die Einleitung zum Frieden; Dino selbst rieth zum Frieden; weiter, im Juli desselben Jahres ist die Rede von dem Krieg gegen Pisa, und im Februar und März 1293 von den Friedensverhandlungen mit dieser Republik. Nichts lag, sollte man meinen, dem Compagni näher, als von diesen Dingen und von seinem persönlichen Antheil Erwähnung zu thun. Doch die Chronik erzählt zwar ausführlich den Krieg gegen Arezzo im Jahre 1289, schweigt aber über die vorausgegangenen zwei Feldzüge der Florentiner im Jahre 1288, so wie über die Fortsetzung dieses Krieges im Jahre 1290 und schweigt ferner gänzlich über den gleichzeitigen Krieg gegen Pisa.[2]) Vielmehr macht der Autor von dem Aretinischen Krieg im Jahre 1289 ohne weiteres den Uebergang zum Folgenden mit den Worten:

---

[1]) S. oben S. 17.
[2]) Vgl. Villani VII, 120. 124. 140. Paolino Pieri 51—53. Scheffer-Boichorst S. 69—72.

Ritornati i cittadini in Firenze si resse il popolo alquanti anni in grande e potente stato, welche merkwürdig mit dem Satze übereinstimmen, womit auch Villani (VII, 132) nach dem Siege bei Campaldino fortfährt: Della sopraddetta vittoria la città di Firenze esaltò molto, e venne in buono e felice stato.

Dino berichtet an anderer Stelle ausführlich von der Unzufriedenheit der Granden über die Ordnungen der Gerechtigkeit und von ihren Anzettelungen gegen Giano della Bella, als Urheber derselben, bis es ihnen endlich im März 1295 gelang, den Verhassten aus der Stadt zu vertreiben. Wenige Monate später, am 6. Juli, erhoben sich die Granden im offenen Aufstand, um die Ordnungen selbst umzustossen, fanden aber die Waffenmacht des Volkes so stark, dass sie den Kampf aufgaben; doch erreichten sie eine Milderung der harten Gesetze.[1] Es ist gewiss sehr auffallend, dass Dino's Chronik von diesem vereitelten Unternehmen der Granden gänzlich schweigt, obwohl er davon zu reden durch die erwähnte vorausgegangene Erzählung nahe Veranlassung hatte.[2] Indessen aus diesem Schweigen zu schliessen, dass der Chronist nicht Zeitgenosse war, würde doch zu weit führen, da auch Paolino Pieri es nicht der Mühe werth gehalten hat, des Vorfalls zu gedenken.[3] Dino übergeht überhaupt die folgende Zeit von 1295 bis 1298 und setzt erst 1299 (I, 19) mit seiner Erzählung wieder ein.

Chronik I, 12 – 16.

Die Entzweiung der Cerchi und Donati veranlasste im Juni 1300 die Absendung des Cardinals Matthäus von Acquasparta nach Florenz von Seiten des Papstes Bonifaz VIII.[4] Dino be-

Chronik I, 21

---

[1] Villani VIII, 12.
[2] Scheffer-Boichorst S. 119 Note 1 meint, der Fälscher habe zwar in manchem Buch geblättert, aber nichts gründlich studiert und Villani VIII, 12 bloss übersehen.
[3] Simone della Tosa giebt davon p. 155 kurze Notiz, ebenso Stefani (Delizie VIII) p. 74.
[4] Villani VIII, 40.

richtet von dieser Gesandtschaft, so wie von den angeblichen Bemühungen des Cardinals Frieden zu stiften, und erzählt, wie der Cardinal unwillig von Florenz abreiste, auch ein ansehnliches Geldgeschenk, welches ihm der Autor selbst im Namen der Signorie überbrachte, ablehnte; er verschweigt jedoch, dass der Cardinal die Stadt mit dem Interdict belegte.[1]) Derselbe kam zum andern mal nach Florenz im December 1301, unmittelbar nach der Katastrophe, welche die Ankunft des Carl v. Valois dort herbeiführte.[2]) Auch dies mal hatte er bei dem Versuch, die Aemter unter beide Parteien zu vertheilen, keinen besseren Erfolg, denn die Schwarzen liessen sich die mit Gewalt errungene Herrschaft nicht so leichten Kaufs wieder entreissen. Dino schweigt von dieser zweiten Ankunft und dem wiederholten Versöhnungsversuch des Cardinals. Dies ist um so auffallender, als er selbst kurz vorher, als er im Priorat war, die Berufung des Cardinals Montefiore zum Zweck der Friedensstiftung betrieben hatte (II, 11). Die Chronik zeigt hier eine Lücke, die sich aus ihr selbst nicht erklären lässt.

Chronik III, 520 C.

Ich füge noch ein anderes Beispiel dieser Art hinzu: es betrifft eine Episode aus dem Krieg von Florenz gegen Arezzo im Jahre 1307. Dino berichtet (im 3. Buch), wie der päpstliche Legat Napoleon Orsini aus Bologna, wo er Frieden stiften wollte mit Zuthun der Florentiner vertrieben wurde. Hierauf ging derselbe nach Arezzo und brachte dort ein grosses Heer von weissen Guelfen und Gibellinen gegen das widerspenstige Florenz zusammen. Die Florentiner wandten sich zum Angriff und rückten in das Gebiet von Arezzo ein, vermieden aber die Schlacht. Der Cardinal wurde von ihren Feinden dringend aufgefordert, ihnen die Spitze zu bieten, weil der Sieg so gut wie gewiss sei. Doch er wollte weder gestatten, dass man ihnen die Pässe verlegte, noch ihnen die Lebensmittel abschnitte, und so kehrten die Schwarzen, ohne weiter beunruhigt zu werden, nach Florenz

---

[1]) Scheffer-Boichorst 132.
[2]) Villani VIII, 49. Paolino Pieri 71. Scheffer-Boichorst S. 152.

zurück. Der Cardinal wurde sehr getadelt, setzt Dino hinzu, dass er sie ruhig hatte abziehen lassen, und man beschuldigte ihn, dass er Geld und Versprechungen von Messer Corso Donati und den Schwarzen erhalten habe. Das versammelte Kriegsvolk aber ging sehr unzufrieden auseinander, als sie das Spiel verloren sahen und viele Kosten ohne Frucht aufgewendet hatten.

Ganz anders lautet der Bericht von Villani (VIII, 89). Nach diesem blieb der Cardinal keineswegs unthätig, sondern zog, dem Rathe trefflicher Kriegscapitäne folgend, mit dem ganzen Heere nach dem Casentino in das obere Arnothal und bedrohte von dort aus Florenz. Auf diese Nachricht brach das florentinische Heer in grosser Eile und Unordnung zur Nachtzeit aus seinem Lager bei Arezzo auf, um so schnell als möglich die bedrohte Stadt zu erreichen. Villani fügt hinzu, dass dieser eilige Rückzug den Florentinern zwar zu keinem Schaden, wohl aber zu grosser Schande gereicht habe und dass, wenn der Cardinal nur einen Theil seines Heeres bei Arezzo hätte stehen lassen, um die Florentiner auf der Flucht anzugreifen, diese der Vernichtung gewiss nicht entgangen wären. Und ganz so ist der Hergang in aller Kürze von einem anderen Zeitgenossen, Giovanni di Lehno aus San Miniato, erzählt:[1]) Als die Florentiner, berichtet dieser, mit anderen Guelfen von Toscana, unter denen auch die von Samminiato, am 24. Mai 1307 gegen die Aretiner ausgezogen waren und unweit von der Stadt Arezzo ihr Lager aufgeschlagen hatten, verbreitete sich plötzlich die Nachricht, dass der Cardinal mit den Aretinern und den weissen Gibellinen in die Stadt Florenz eingezogen wären; in Folge dessen wurde sofort das Lager abgebrochen und nach einem nächtlichen Ritt von 23 Miglien erreichten die Truppen sehr ermattet am folgenden Morgen Florenz.

Wie man sieht, ist in Dino's Erzählung unerklärlicher Weise gerade die Hauptsache aus der Geschichte ausgelassen, und doch hatte er um so weniger Grund davon zu schweigen, als er hier

---

[1]) Lami, Deliciae p. 86.

Gelegenheit fand, von der Schande der schwarzen Guelfen, der schlechten Bürger, zu erzählen.

Die Unklarheit, welche an nicht wenigen Stellen der Chronik herrscht, erreicht den höchsten Grad des Unverständlichen, wo es unmöglich scheint das früher und später Erzählte in Einklang zu bringen. Mehrere Fälle dieser Art sind von Scheffer-Boichorst (S. 133—136) für die Unechtheit der Chronik geltend gemacht worden.

<small>Chronik I, 21. 23.</small> Dino erwähnt eine aus dem Leben Dante's sehr bekannte Thatsache, nämlich die Verbannung der Parteihäupter, sowohl der Weissen als auch der Schwarzen, aus Florenz im Jahre 1301, wobei er angiebt, dass er selbst im Rath der Bürger, von welchem diese Massregel zur Erhaltung des inneren Friedens beschlossen wurde, zugegen gewesen sei. Doch die Cerchi oder Weissen kehrten bald darauf wieder zurück, worüber die Anhänger der Schwarzen in Florenz so aufgebracht waren, wie Dino weiter berichtet, dass sie mit einander in S. Trinità darüber zu Rath gingen, die Gegner mit Gewalt zu vertreiben. Dino war gleichfalls in dieser Versammlung anwesend, rieth zum Frieden und bewirkte Verständigung zwischen den Missvergnügten und den Prioren.[1])

So weit steht alles im guten Zusammenhang, aber Dino's Chronik nennt an der zweiten Stelle (I, 23) als diejenigen von der schwarzen Partei, welche die Versammlung in S. Trinità veranstalteten, eben dieselben Führer, Geri Spini, Porco Manieri,

---

[1]) Dino nennt unter den letzteren den Messer Palmieri Altoviti, welcher nach Stefani's Priorenverzeichniss (Delizie X. 16) von April bis Juni 1301 im Priorat sass. Vielleicht verschmäht Scheffer-Boichorst, den ich hierauf aufmerksam machen will, hier die Hülfe des Fälschers doch nicht, womit derselbe auf sehr bemerkenswerthe Weise seiner scharfsinnigen Vermuthung (S. 135 Note 1) entgegen kommt, dass die Verbannung der Parteihäupter nicht, wie gewöhnlich nach Lionardo Aretino angenommen wird, unter dem Priorat Dante's (1301 Juni-August), sondern schon früher, etwa zu Anfang des Jahres, wohin sie auch Villani VIII, 42 zu setzen scheint, erfolgt sei.

Rosso della Tosa, Pazzino de' Pazzi, Sinibaldo Donati, welche nach der ersten Stelle (I, 21) zugleich mit den Häuptern der Weissen verbannt wurden. Diese hätten also schon früher als ihre Gegner nach Florenz zurückgekehrt sein müssen. Doch das Gegentheil ist bekannt und ist auch Dino's eigne Meinung, wie sich noch an einem andern Ort ergiebt.[1]) Wie soll man sich den offenbaren Widerspruch erklären? Bei Dino, dem gegenwärtigen Zeitgenossen, ist er nicht denkbar, aber auch nicht bei dem Fälscher, wenn er überhaupt wusste, was er geschrieben.

Ein ähnlicher Fall ist der, wo Dino zuerst am Schluss eines Verzeichnisses der im Jahre 1302 verbannten weissen Guelfen und Gibellinen, — unter denen auch Dante Alighieri, mit dem Zusatz che era ambasciatore a Roma, das einzige mal in der Chronik genannt ist — sechs Namen aufführt, auf welche er einige Capitel später mit unbedeutenden Abänderungen zurückkommt, um zu erzählen, dass die genannten Personen in Florenz eine geheime Correspondenz mit den auswärtigen Verbannten fortsetzten, desshalb ergriffen und hingerichtet wurden. Dieselbe Thatsache berichtet Villani (VIII, 59), welcher freilich nicht die in Florenz befindlichen Verräther vorher als Verbannte aufgeführt hat.[2])

Chronik II, 25. 29.

Es liegt hier ein offenbares Missverständniss zu Grunde. Scheffer-Boichorst erklärt es aus einem groben Versehen des Fälschers, der sich die Namen aus Villani (VIII, 59) ausschrieb und zuerst an unpassender Stelle bei dem Verzeichniss der Verbannten verwendete, dann aber bei Wiedererwähnung derselben Personen an der zweiten Stelle seinen Missgriff gewahrend, einige Veränderungen anbrachte, um die Fälschung vor der Entdeckung zu sichern. Was für ein wunderlicher, schlauer und doch ungeschickter Fälscher! Warum machte er sich denn so viel Um-

---

[1]) II, 10: E (Lapo Salterelli) avea messer *Pazzino de' Pazzi* in casa sua, *che era confinato*.
[2]) S. hierüber Scheffer-Boichorst S. 75—78 und 136.

stände und strich nicht lieber in seinem Manuscript an der ersten Stelle die sechs Namen einfach weg?

Chronik I, 24. Ein Widerspruch anderer Art zeigt sich bei der Beurthei-
II, 26. lung einer bekannten Persönlichkeit, Lapo di Guazza Ulivieri, welchen Dino ein mal einen guten und rechtschaffenen Popolanen nennt und das andere mal zu den Gewalthabern der schwarzen Partei und Verderbern der Stadt zählt. Vielleicht steht der Mann am letzten Ort unrichtig, oder der Autor hat seine Meinung über ihn geändert und beide Urtheile zu ganz verschiedener Zeit niedergeschrieben, was doch kaum anzunehmen ist: gleich viel! der Widerspruch erklärt sich nicht leichter bei dem Fälscher.

Anachronismen 3. Unrichtige Thatsachen lassen sich durch Irrthum des Autors, Lücken und Widersprüche durch Nachlässigkeit bei der Abfassung oder bei der Redaction erklären, aber nicht Anachronismen, wenn nämlich der Autor von Dingen redet, die zur Zeit als er schrieb, noch gar nicht vorhanden waren.

Chronik I, 17. Einen derartigen Beweis der Unechtheit findet Scheffer-Boichorst (S. 116. 203) an der Stelle der Chronik, wo der Autor anzunehmen scheint, dass um 1294 die Stadt San Miniato del Tedesco am unteren Arno, welche früher Sitz des Reichsvicars in Toscana war, schon der Republik Florenz gehört hätte, während doch historisch feststeht, dass erst im Jahre 1370 San Miniato sich ihr durch Vertrag unterwarf.¹) Der Commentator der Chronik, del Lungo, und mit ihm Cesare Paoli deuten jedoch die Worte der Chronik: „uns San Miniato zu nehmen (a torci S. M.)", welche auf die Florentiner gehen, auf die Guelfenpartei von Toscana überhaupt, welche von den Florentinern angeführt wurde und zu welcher auch San Miniato sich hielt. Und für die Richtigkeit dieser Deutung spricht, wie mich dünkt, eine andere

¹) Scheffer-Boichorst citirt S. 116 Note 2 die Urkunde; vergl. Ammirato L. XIII, T. I, p. 672. Uebrigens hatte sich Samminiato bereits 1347 auf 5 Jahre unter den Schutz von Florenz begeben, s. Villani XII, 82.

Stelle der Chronik (II, 14), wo im Jahre 1301 die Samminiatesen gleichwie die Sanesen, Peruginer, Lucchesen als Verbündete der Machthaber von Florenz genannt sind, also auch nach Dino's Meinung noch nicht Unterthanen waren. Auch der Geschichtschreiber von San Miniato, Giovanni di Lelmo bestätigt, dass seine Stadt fortdauernd dem Guelfenbunde von Toscana angehörte und sich bei den Unternehmungen der Florentiner gegen die Weissen und Gibellinen wie gegen Heinrich VII betheiligte.[1])

Auf eine spätere Zeit, als die von Dino Compagni, weist jedoch deutlich hin die zwei mal in der Chronik vorkommende Benennung des Geschlechts da Cerreto als Cerretani, und zwar an der zweiten Stelle (II, 23) mit dem erläuternden Zusatz: „die von Cerreto, welche heute Cerretani heissen", (che oggi si chiamano Cerretani). Schon Muratori (500 D) nahm Anstoss an dem Zusatz und schloss ihn desshalb in Klammern ein; die späteren Herausgeber haben ihn lieber kurzweg ausgelassen; erst Del Lungo setzte ihn wieder in den Text hinein. Scheffer-Boichorst beweist mit gewohnter Gründlichkeit durch eine Reihe von urkundlichen Stellen (S. 158 f.), dass die alte Namensform da Cerreto noch bis Mitte des 14. Jahrhunderts üblich war, die neue, Cerretani, sich nicht früher als 1346 findet. „Der Fälscher", sagt er, „wollte den Zeitgenossen spielen und verfiel in die Rolle des Antiquars."

Chronik I, 22 II, 23.

Ohne Zweifel verräth die erwähnte Glosse den späteren Schreiber, aber dieser wollte doch nicht, so viel ich sehe, für den Autor der Chronik gelten, indem er ausdrücklich das „heute" von der Zeit der Chronik, also auch des Autors, unterscheidet. Die fremde Hand und Zuthat giebt sich vielmehr unverhüllt zu erkennen.

---

[1]) Lami, Deliciae (Bonincontri Historia Sicula, wo die Chronik von G. di Lelmo eingeschaltet ist) p. 86: J Fiorentini, Sanesi, Lucchesi Samminiatesi e gli altri Guelfi di Toscana andarono coll' esercito contro gli Aretini etc.

Der Prioren-Palast.

Die Erwähnung der ersten Zusammenkunftsorte der im Jahre 1282 eingesetzten Prioren und weiterhin des Palastes dieser Signorie bei Dino hat gleichfalls mancherlei Anstoss gegeben.[1]) Bevor der Palast der Prioren, nachmals Palazzo vecchio genannt, erbaut war — der Bau wurde erst Ende des Jahres 1298 beschlossen[2]) und in den folgenden Jahren ausgeführt, — wechselten die Prioren mehrere mal ihre Wohnung. Villani giebt (VII, 79) an, dass die zuerst gewählten 3 Prioren ihre Residenz im Hause der Abtei (nella casa della badía) hatten, wo auch die früheren Anzianen zusammen zu kommen pflegten, und bemerkt weiterhin, wo er von dem Neubau des Priorenpalastes redet (VIII, 26), dass die Prioren in letzter Zeit in den Häusern der Cerchi hinter der Kirche S. Procolo wohnten, wie dies auch durch Urkunden bestätigt wird.[3]) Nach Dino (I, 4) traten die zuerst ernannten 3 Prioren gleich nach der Wahl in der Kirche S. Procolo zusammen (e raunaronsi nella chiesa di San Procolo), und von den zwei Monate später gewählten 6 Prioren sagt er, dass sie im Thurm der Castagna bei der Abtei, als an einem sicheren Ort, sich einschlossen (stettono inchiusi). Dies steht meines Erachtens nicht im Widerspruch mit Villani's Angabe; denn es liegt doch nicht in den Worten Dino's, dass die ersten drei Prioren die Kirche S. Procolo als regelmässigen Versammlungsort benutzt hätten. Auch kann Dino (I, 15) sehr wohl schon von dem „palazzo" der Prioren und von der „piazza" bei diesem reden, bevor noch der eigentliche Palast der Signorie erbaut war, denn auch die frühere Wohnung der Prioren hiess Palazzo, und wo der Palast, da war auch die piazza, wo die aufgebotenen Volkscompagnien mit ihren Gonfalonen erschienen: dort befand sich gleichfalls die grosse Stadtglocke, campana justitiae genannt, bevor sie

---

[1]) Scheffer-Boichorst S. 59 f. und in der Jenaer Literaturzeitung 1875 S. 146.

[2]) S. den Beschluss und die zur Ausführung an die Prioren ertheilte Vollmacht, Häuser und Grundstücke an passender Stelle für den Bau zu kaufen, d. d. 30. Dec. 1298, im Auszuge bei Gaye Carteggio inedito d'Artisti I p. 440.

[3]) S. die urkundlichen Angaben bei Scheffer-Boichorst S. 60 Note 1.

im Thurm des Palazzo vecchio aufgehängt wurde; und in der Vorhalle des Hauses eine öffentliche Rednerbühne (ringhiera)[1]). Nicht weniger war in dem früheren Hause oder Palast der Prioren auch eine Capelle vorhanden, in welcher die tägliche Messe für die Prioren gelesen wurde und gelegentlich auch Rathssitzungen stattfanden.[2]) Nun erzählt Dino (II, 12) von einer Versammlung angesehener Popolanen, bei welcher er als Prior zu Anfang November 1301 in der Capelle San Bernardo den Vorsitz führte. Fanfani weiss sich sehr viel damit, hier den lächerlichen Fälscher ertappt zu haben, der von der Capelle San Bernardo rede zu einer Zeit, als sie noch gar nicht vorhanden sein konnte, denn dieselbe befand sich im zweiten Stockwerk des Signorenpalastes, zu dessen Aufbau erst 1299 die Bauplätze angekauft wurden.[3]) Es mag trotzdem immer noch der Zweifel erlaubt sein, ob nicht die Capelle in der früheren Wohnung der Prioren gemeint sei, wenn gleich man nicht weiss, dass sie gleichfalls dem heil. Bernhard geweiht war. Unser Nichtwissen kann nicht als Beweis des Gegentheils und somit der Fälschung gelten.

Bedenklicher erscheint eine andere mit dem Priorenpalast zusammenhängende Erwähnung, wo Dino erzählt (II, 19), dass die Prioren in denselben stürmischen Tagen des Novembers 1301

---

[1]) Ordinamenta justitiae a. 1293 (Delizie IX, 312): Et etiam quotienscunque fuerint requisiti per nuntium vel *sonum campane* — et debeant trahere et venire ad *dictum palatium* sive domum. Gaye, Carteggio I, 429 aus einem Rathsbeschluss vom Sept 1295: Pro reparatione hediffitii, super quo est *Campana justitiae que est ad domum*, in qua priores artium et vexillifer justitie pro comuni morantur. Die Rednerbühne wurde 1296 errichtet s. ebend.: et pro facienda *aringhiera in sala anteriori domus*, quam ipsi domini priores et vexillifer tenent pro comuni. Hiermit wird auch der Einwand Gargani's (bei Fanfani p. 261) hinfällig, dass die ringhiera vor dem Palazzo vecchio erst 1349 erbaut worden sei; von dieser kann natürlich nicht die Rede sein.

[2]) Cesare Paoli hat eine urkundliche Nachricht vom 30. Juli 1285 nachgewiesen: Coram Potestate, Capitaneo et Prioribus, in *cappella existente in domo Priorum* congregatis quam plurimis sapientibus, s. il Borghini No. 9.

[3]) Dino vendicato p. 23—37.

die grosse Stadtglocke zu läuten befahlen, um das Volk zur bewaffneten Hülfe aufzurufen; denn es heisst dort, die Glocke habe sich auf dem Priorenpalast befunden (che la campana grossa fosse sonata, la quale era sul loro palagio). Man denkt natürlich an den hohen Rathhausthurm über dem Palazzo vecchio, und weitläufig setzen uns Fanfani und Gargani aus einander,[1]) dass zur Zeit weder der Rathhausthurm, noch die Glocke auf dem Priorenpalast vorhanden war; denn noch 1307, also lange nach Beginn des Neubaus, war die grosse Glocke auf einem eigenen hölzernen Gerüste neben dem Priorenpalast aufgehängt, wie früher neben der älteren Residenz der Prioren; erst später wurde sie von dort auf den Thurm des Palazzo vecchio gebracht.[2])

Ich stelle die unrichtige und überflüssige Glosse „la quale era sul loro palagio" eben dorthin, wo die Cerretani.

Die Collegien der Signorie I, 11.

Noch übersehen ist bisher ein anderer Anachronismus in der bereits besprochenen Stelle, wo Dino den Inhalt der Ordnungen der Gerechtigkeit kurz zusammenfasst. Dort ist von den Granden gesagt: e che non potessono essere de' Signori, nè Gonfalionere di giustizia, nè *de' loro Collegi*, d. h. sie durften nicht gewählt werden zu Signoren (Prioren), noch zum Gonfalonier der Gerechtigkeit, noch zu ihren Collegien. Was hat man unter diesen Collegien zu verstehen? In der ausgebildeten Verfassung der Republik standen den Prioren und dem Gonfalonier di giustizia zwei ständige Regierungsausschüsse zur Seite, nämlich das Collegium der buoni uomini und das der Gonfalonieri delle compagnie, mit welchen zusammen die Signorie alle wichtigeren Regierungsgeschäfte entweder von sich aus zu beschliessen oder, falls die Beschlussfassung den grossen Räthen vorbehalten war, sie vorzuberathen hatten. Nun wurde aber das Collegium der guten Männer, 12 an der Zahl — 2 aus jedem Sechstel der Stadt, später 3 aus jedem Viertel — erst im Juni 1321,[3]) das andere

---

[1]) Il Borghini No. 13 (Jan. 1875) Dino vend. p. 263.
[2]) S. die urkundlichen Nachrichten in Gaye Carteggio I, 447 und p. 453.
[3]) Villani IX, 128.

der 16 Gonfalonieren der Volkscompagnien — 4 aus jedem Stadtviertel — erst nach der Verfassungsveränderung und Vierteleintheilung der Stadt im Jahre 1343 errichtet.[1]) Also gab es bis 1321 noch kein Regierungscollegium neben der Signorie der Prioren, und zwischen 1321 bis 1343 nur das eine der 12 buoni uomini,[2]) so dass erst nach 1343 von Priori e loro collegi die Rede sein kann.[3]) Hieraus ergiebt sich zur vollen Gewissheit, dass der Zusatz: nè de' loro collegi, nicht von Dino Compagni, sondern erst nach 1343 geschrieben ist.

[1]) Villani XII, 19. Das Amt der Bannerträger der Compagnien wurde freilich nicht erst damals geschaffen. Schon bei Constituirung des so genannten primo popolo im Jahre 1250 wurde die ganze Volksmiliz in 20 Compagnien eingetheilt und für jede ein Gonfalonier d. i. Bannerträger bestellt (Villani VI, 39); nachdem aber diese alte Ordnung der Volksmiliz in Verfall gerathen war, erneuerte sie wieder der Cardinal von Prato im Jahre 1304 (Villani VIII, 69), und seit Dec. 1306 zählte man 19 Compagnien in Stadt und Land mit ebenso viel Gonfalonieren (Villani VIII, 87).

[2]) Vergl. hierzu die Beschreibung der florentinischen Verfassung vom Jahre 1339 in Steph. Baluzii Miscellanea ed. Mansi T. IV p. 117: Officia principalia civitatis per majores populi gubernantur, et maxime dictum officium Prioratus et officium XII bonorum virorum, cum quibus Priores ante deliberant quae per consilia debeant ordinari, et Vexilliferorum qui per diversas civitatis partes habentes etiam sub se quisque Pennonerios duos etc., wo die Gonfalonieren nur als Anführer der Volksmiliz genannt sind, nicht als Regierungscollegium wie die Boni viri. Das Datum der Abfassung dieser Descriptio urbis et reipublicae 1339 ist sicher: denn es bestand nach ihr noch die Sechsteleintheilung, welche 1343 abgeschafft wurde, und Arezzo war schon Florenz unterworfen (seit März 1337, Villani XI, 60). Ich verweise ausserdem auf die ungedruckten Statutensammlungen von Florenz vom J. 1322 und 1355; die ersteren kennen nur das eine Collegium, die letzteren beide; vergl. auch den Staatsbeschluss vom 1332 bei Gaye Carteggio I, 477: quod priores et vexillifer justitiae una cum offitio XII bonorum virorum possunt deputare etc.

[3]) So z. B. bei Villani im J. 1347 XII, 92: che i testimoni (als Ankläger gegen die Gibellinen) non fussono accettati, se non fossono prima approvati per gli priori e loro collegi; und häufig bei Machiavelli, Istorie Fiorentini L. II (ed. Italia, 1819 p. 333. 393. 395).

Benutzung anderer Chronisten.

4. Nachdem in der Chronik Dino's einzelne offenbare Anachronismen nachgewiesen sind, wird man auch die Benutzung späterer Chronisten, die ja gleichfalls nur eine Art von Anachronismus ist, für möglich halten. Scheffer-Boichorst hat seine Untersuchung über Dino auch nach dieser Seite hin mit so vielem Fleiss geführt, dass für einen Späteren kaum noch eine Nachlese übrig bleibt. Eher möchte ich glauben, dass in dem Nachweis der Benutzung fremder Quellen bereits zu viel geschehen und die Bedeutung desselben zu hoch angeschlagen sei. Die Benutzung eines Schriftstellers von Seiten eines anderen zeigt sich durch Uebereinstimmung des Inhalts, und noch mehr durch die des Wortlauts. Bei Vergleichung des so genannten Malespini mit Villani findet sich Uebereinstimmung in beiden Beziehungen, und es kann keinem Zweifel unterliegen, dass der eine von dem anderen abgeschrieben oder theilweise ihn bloss abgekürzt hat. Anders verhält es sich mit der Chronik des Dino Compagni. Hier findet sich gegenüber Villani durchgängige Selbständigkeit der Auffassung und Darstellung, Abweichung im Inhalt, häufiger Widerspruch in den Sachen, Uebereinstimmung nur in einzelnen Sätzen, Namen und Daten. Sehen wir, wie weit die Abhängigkeit des einen Chronisten von dem andern wirklich dargethan ist.

Chronik I, 2.

Gleich die erste Erzählung bei Dino über den Anfang der Parteiung unter den Geschlechtern von Florenz stimmt in einzelnen Wendungen und Ausdrücken mit Villani (V, 38) und klingt in einem Fragewort auch an das alte Chronikenfragment an, welches man ohne Grund dem Brunetto Latini zugeschrieben hat. Also hat der Fälscher, nach Scheffer-Boichorst (S. 50—52), seine Erzählung aus beiden Quellen zusammengestoppelt. Doch ist der Name der ersten Verlobten des Messer Buondelmonte ein anderer, ebenso der der Mutter der zweiten, und Dino verschweigt das berühmte Wort des Mosca Lamberti: Cosa fatta capo ha, welches Villani wie Dante (Inf. XXVIII v. 106) und alle Späteren anführen. Die Geschichte von der Entzweiung der Guelfen- und Gibellinengeschlechter war zu Dante's und Dino's Zeit lebendige Tradition im Munde des Volkes. Aus dieser

Quelle konnte Dino ebenso gut wie Villani seine Erzählung schöpfen.

Dino redet im folgenden Kapitel von der Friedensstiftung Chronik I, 3. des Cardinals Latino im Jahre 1280. Dieser stellte nach ihm durch Schiedsspruch die Bedingungen fest, unter welchen die Gibellinen in die Stadt zurückkehren durften, vertheilte die auswärtigen Aemter unter beide Parteien[1]) und ernannte für die Regierung in der Stadt 8 Guelfen und 6 Gibellinen.

Der letzte Satz: e al governo della città ordinò quattordici cittadini, cioè otto guelfi o sei ghibellini, stimmt überein mit der Stelle in Villani's ausführlicherer Erzählung (VII, 56): e fece e ordinò il detto legato al governamento comune della città quattordici buoni nomini grandi e popolani, che gli otto erano guelfi e sei ghibellini. Scheffer-Boichorst (S. 55) findet die Uebereinstimmung um so auffallender, als die Angabe beider Chronisten gleich ungenau ist. Denn wir wissen aus dem Schiedsspruch selbst,[2]) dass nicht der Cardinal, sondern ein Ausschuss von 6 Guelfen und 6 Gibellinen in Gemeinschaft mit dem Podestà und dem Capitan die Aemter und Räthe der Stadt gleichmässig aus beiden Parteien und daneben auch aus Neutralen, verhältnissmässig nach ihrer Zahl, besetzen sollten; man darf daher wohl annehmen, es sei die neue Regierung der 14 nicht, wie Dino und Villani übereinstimmend angeben, aus 8 Guelfen und 6 Gibellinen, sondern aus je 6 Guelfen und Gibellinen und 2 Neutralen zusammengesetzt worden.

Die Abhängigkeit des einen Chronisten von dem andern lässt sich in diesem Falle kaum bestreiten; nur kann ich Scheffer-Boichorst nicht auch darin beistimmen, dass alles andere was Dino abweichend von Villani hat und nicht in dem Schiedsspruch

---

[1]) Ich behalte mit Scheffer-Boichorst S. 56 Note 3, die gewöhnliche Lesart: e accordò tra loro li uffici di fuori bei, statt li usciti di fuori wie Del Lungo in den Text gesetzt hat; denn die letztere Lesart giebt nur durch eine sehr gezwungene Deutung einen Sinn.
[2]) S. oben S. 35 Note 3.

steht, blosse Erfindung des Fälschers sei. Die gleichmässige Vertheilung, wie der inneren, so auch der auswärtigen Aemter — nämlich der Podestarien und Vicarien im Gebiet — war durch die Natur des Vergleichs ebenso geboten, wie eine billige Entschädigung für die aus besonderen Gründen von der Wiederherstellung ausgeschlossenen Uberti.[1]) Dino wusste in der That etwas mehr von dem Vertrag des Cardinal Latino als Villani. Der letztere (VII, 56) sagt nichts davon, dass die Stadt sich unter die Oberhoheit des Papstes stellte; nur Dino hebt dies mit besonderem Nachdruck zu Anfang wie zu Ende seiner Erzählung hervor: „Die Guelfen beschlossen mit den Gibellinen Frieden zu machen unter dem Joch der Kirche (sotto il giogo della chiesa)"; — „der Cardinal band die Parteien unter die Kirche von Rom (legandole sotto la chiesa di Roma)". Nach dem Schiedsspruch wurde dem Papst, als Oberherrn der Stadt, die Ernennung der Podestà und Volkscapitane auf zwei Jahre überlassen, so wie auch die künftige Wahl derselben auf die Zeitdauer von zehn Jahren von seiner Zustimmung abhängig gemacht:[2]) dies ist es, was Dino mit dem prägnanten Ausdruck sagen will: Friede zu machen unter dem Joch der Kirche.

Chronik I, 11.   Ein ähnlicher Fall liegt vor an der Stelle der Chronik, welche sich auf die Ordnungen der Gerechtigkeit bezieht, wovon schon oben (S. 38) die Rede war. Auch hier will Scheffer-Boichorst beweisen, dass Dino nur den Villani geplündert habe und dass alles, was er mehr als dieser enthält, falsch sei (S. 94—103). Ich habe bereits anerkannt, dass Dino sehr ungenau über den Inhalt der Ordnungen berichtet. Jetzt muss ich, im Hinblick auf die Zusammenstellung bei Scheffer-Boichorst (S. 95), auch die Uebereinstimmung von Dino und Villani in einzelnen Worten und Sätzen anerkennen, womit die Abhängigkeit des einen Chronisten von dem andern, wenn nicht beider von

---

[1]) S. oben S. 35.
[2]) Boniani a. a. O. Art. 3. 7. 9.

einer gemeinsamen Quelle, bewiesen ist. Daneben sind jedoch auch Abweichungen zwischen beiden zu bemerken, und zwar von der Art, dass Villani etwas als in den Ordnungen enthalten angiebt, was nicht darin steht: nämlich, dass die Rechnungen der Commune untersucht werden sollten,[1]) wovon Dino nichts sagt, und dass umgekehrt der letztere richtig anführt, dass die Ordnungen eine Bestimmung über die Wahl der Prioren getroffen hätten und dass die Consuln der Zünfte auf die Ordnungen verpflichtet worden seien, indem ihnen zugleich Vollmacht ertheilt wurde, worüber Villani schweigt. Dino hat also die Ordnungen nicht bloss aus Villani gekannt, und nicht richtig sagt Scheffer-Boichorst (S. 98), dass „an keiner Stelle genauere Uebereinstimmung zwischen Dino und den Ordinamenti, als zwischen Villani und diesen stattfinde".

Dino erzählt den Krieg der Florentiner gegen Pistoja in den Jahren 1301—1303 und weiterhin die Belagerung und Eroberung der Stadt durch die Florentiner und Lucchesen im Jahre 1306. Er beweist grosse Theilnahme an dem traurigen Geschick derselben und sagt an der ersten Stelle, wo er zum voraus der Leiden der Einwohner während der Belagerung gedenkt, er wolle davon nicht schreiben, weil ein anderer dies thun und die Zuhörer zu mitleidvollen Thränen bewegen werde; dennoch giebt er im weiteren Verlauf seiner Erzählung, im 3. Buch, eine ausführliche und hoch pathetische Schilderung von dem Untergang Pistoja's. Scheffer-Boichorst (S. 139—141) findet auch hier Verwandtschaft mit Villani (VIII, 82) und Abweichung von diesem nur aus „dem energischen Bestreben des Fälschers seinem Gewährsmann zu widersprechen", wie er an einem lächerlichen Beispiel zeigen will. Nach Villani wurden den unglücklichen Pistojesen, welche während der Belagerung die Stadt verliessen und draussen von den Belagerern ergriffen wurden, den Frauen die Nase, den Männern ein Fuss abgeschnitten; Dino lässt den

Chronik I, 26.
27. III. (Mur.)
517—519.

---

[1]) Vill. VIII, 1: Che si ritrovassono le ragioni del comune.

Frauen gleichfalls die Nase, den Männern aber das eine mal eine Hand, das andere mal einen Fuss abschneiden und scheint damit in Widerspruch mit sich selbst wie mit Villani zu gerathen. Allein Dino's Angaben stimmen überein mit den Istorie Pistolesi und sind nur das eine wie das andere mal unvollständig, doch so, dass sie sich gegenseitig ergänzen.[1]) An eine Benutzung des Villani ist hier sicher nicht zu denken.

Istorie Pistolesi. Vielleicht aber an die der Istorie Pistolesi? Sollte vielleicht der Fälscher selbst unvorsichtiger Weise auf sie mit den Worten hingedeutet haben, dass ein anderer den traurigen Untergang von Pistoja schildern und die Hörer zu Thränen bewegen werde? Die Geschichten von Pistoja, welche sich über den Zeitraum von 1300 bis 1348 erstrecken, sind keine zuverlässige Quelle für die italienische Zeitgeschichte,[2]) aber doch werthvoll für die Localgeschichte von Pistoja. Ueber den Anfang der Parteiung zwischen den weissen und schwarzen Cancellieri, welche sich auch nach Florenz hinüber fortpflanzte, geben sie nach einheimischer Tradition ausführlichen Bericht. Auch Dino (I, 25) redet von diesen Parteien und nennt als einen der Führer der schwarzen Cancellieri den Simone da Pantano und auf Seite der Weissen den Schiatta Amati, einen Verwandten der Cerchi von Florenz. Beide Namen Simone und Schiatta kommen auch in den Istorie Pistolesi[3]) vor, aber ohne die Zunamen und nicht in so hervorragender Stellung. Simone da Pantano heisst bei Dino neben anderen Eigenschaften spietato e crudele, in den Istorie spietato oltra modo, was etwa als einziger Beweis der Benutzung gelten könnte. Was Dino weiter über die Regierung mehrerer florentinischer Podestà und Capitane in Pistoja berichtet, unter denen auch der

---

[1]) Muratori SS. XI, 392: e quanti huomini di quelli dentro veniano alle mani di quelli di fuori, a tutti faceano tagliare *uno piede et una mano e truargli uno occhio, et alle femine faceano tagliare il naso*, e cosi guasti li rimandarono in Pistoja.

[2]) Bezüglich des Römerzugs Heinrichs VII hat D. König, Kritische Erörterungen 1874 S. 28—38, die stark guelfische Färbung gut nachgewiesen.

[3]) Murat. l. c. 370 A, 375 E.

Urheber der Ordnungen der Gerechtigkeit, Giano della Bella, wieder erscheint, ist ihm eigenthümlich; nur das grausame Verfahren des Capitans Andrea Gherardini gegen die schwarze Partei findet sich durch die Geschichten von Pistoja ausführlich bestätigt. Dino erzählt (I, 27), wie der von den Weissen zum Kriegscapitan ernannte Messer Schiatta Amati sich schwach und zaghaft bewies; die Istorie schweigen davon. Die später von Dino (II, 3) erwähnte nicht unwichtige Thatsache hingegen, dass Carl von Valois bei seiner Ankunft in Italien den Weg über Pistoja nahm, wobei seine Absicht sich der Stadt zu bemächtigen durch die Vorsicht der Weissen vereitelt wurde, ist auch in der Chronik von Pistoja (377 C.) kurz angedeutet. Die Erzählung Dino's von dem Krieg von Florenz und Lucca gegen Pistoja (II, 27), von der Belagerung und dem Untergang der Stadt (im 3. Buch) zeigt wieder nirgends Verwandtschaft mit der genannten Chronik. Kurz, man empfängt aus Dino's Chronik überall den Eindruck, als ob ein Zeitgenosse über diese Dinge von Pistoja, die sich in seiner Nähe ereigneten und an denen er selbst als Freund der Weissen den lebhaftesten Antheil nahm, aus unmittelbarer Kenntniss berichte.

Doch ich komme auf die Benutzung des Villani und anderer florentinischer Chronisten zurück. *Namenreihen. Villani.*

Die Benutzung des einen Chronisten durch den andern lässt sich besonders auch durch das Vorkommen gleicher Namenreihen aufzeigen, falls diese nicht etwa aus gemeinsamer Quelle herstammen.[1]

Dino nennt wiederholt (II, 26. III Mur. 515 A) die Häupter der schwarzen Guelfen von Florenz: Messer Corso Donati, Messer Rosso della Tosa, Messer Pazzino de' Pazzi, Messer Geri Spini, Messer Betto Brunelleschi, in derselben Reihenfolge wie sie einmal auch bei Villani (VIII, 72) erscheinen. Die Uebereinstimmung ist gewiss auffallend, aber die Benutzung nicht sicher.

---

[1] S. die Ausführung von Scheffer-Boichorst 73—93.

Villani nennt dieselben Namen ein anderes mal (VIII, 96) wieder in anderer Folge, und auch Dino verändert die Reihe an anderen Orten (Buch III. 521 C, 531 A), wo Geri Spini als letzter auftritt.

Von einer anderen Namenreihe, welche Dino II, 25 irrthümlich unter die Zahl der Verbannten im Jahre 1302 gesetzt hat, war schon oben die Rede.[1]) In fast gleicher Reihenfolge, doch in anderem Zusammenhang nennt dieselben Villani (VIII, 59), wo er erzählt, dass der Podestà Folcieri die genannten Personen als Verschwörer hinrichten liess. Ein Missverständniss liegt sicher in Dino's Chronik zu Grunde und die Entlehnung der dort an unrichtiger Stelle gebrachten Namen aus Villani ist sehr wahrscheinlich.

Und noch eine dritte Namenreihe bei Dino (I, 21), nämlich die der Häupter der schwarzen und weissen Guelfen, welche im Jahr 1300 aus Florenz verwiesen wurden, stimmt ziemlich überein mit Villani (VIII, 42); doch könnte hier das Verbannungsdecret die gemeinschaftliche Quelle beider gewesen sein.[2])

Marchionne Stefani.

Was die bei Dino vorkommenden Namenreihen der Prioren angeht, so erkennt Scheffer-Boichorst (S. 80—87) die spätere Chronik des Marchionne Stefani als Quelle, wobei die Abweichungen bei dem Fälscher, theils aus Mangel an Verständniss, theils aus Widerspruchsgeist oder anderweitiger Kenntniss erklärt werden.[3]) Es liegt nahe dagegen zu fragen: warum sollte nicht

---

[1]) S. S. 57.

[2]) Die Abweichungen Dino's will Scheffer-Boichorst S. 79 sehr künstlich durch Hinzuziehung der Chronik von Paolino Pieri erklären.

[3]) Die Istoria Fior. von Melchionne (Marchionne) Stefani bis 1385 geht durch eine Reihe von zum Theil mit Urkundenmaterial angefüllten Bänden der Sammlung von San Luigi, Delizie T. VII—XVII. 1776 sq. Sie ist in ihrem früheren Theil bloss Auszug aus Villani, vermehrt mit den Priorenreihen, welche der Herausgeber aus einem Priorista der Magliabecchiana ergänzt hat. Ohne Grund, wie es scheint, schreibt man dem Vater des Melchionne, Coppo Stefani, einen Antheil

der Fälscher ebenso gut wie andere florentinische Urkunden, die er nach Scheffer-Boichorst's Meinung kannte, urkundliche Priorenverzeichnisse benutzt haben. Um die Benutzung des späteren Chronisten darzuthun, müsste bewiesen werden, dass die Entlehnung wirklich nur aus diesem stattgefunden haben könne. Die scharfsinnige Ausführung von Scheffer-Boichorst selbst zeigt, dass dieser Beweis sehr schwer zu führen ist und wenigstens nicht als ein zwingender gelten kann.

Der florentinische Chronist Paolino Pieri war Zeitgenosse Dino's, schrieb aber etwas früher als dieser: nach seiner eigenen Angabe erlebte er die Ereignisse von 1270 und 1284 und schrieb seit 1302 seine Chronik bis 1305; seine Nachrichten über die gleichzeitige Stadtgeschichte tragen das Gepräge grosser Genauigkeit und Zuverlässigkeit.[1]) Dino, der seine Chronik etwa um 1310 begann, könnte diesen Vorgänger gekannt haben, ohne darum der Fälscher zu sein. Einige kurze Sätze von ähnlichem Wortlaut, welche Scheffer-Boichorst (S. 93. 166. 167) anführt, lassen in der That auf die Bekanntschaft mit Paolino Pieri schliessen. *Paolino Pieri.*

Nicht erwiesen scheint mir die Benutzung der dürftigen Annalen des Simone della Tosa bis 1346.[2]) Erst wenn die Fälschung der Chronik Dino's im ganzen schon feststeht, wird man zu glauben geneigt sein, dass der Fälscher die ähnlich von ihm wie von Simone della Tosa erzählten Nachrichten über die Ankunft des Cardinals Pelagrù in Florenz, Sept. 1310, und den Tod des Betto Brunelleschi wirklich aus letzterem entlehnt habe.[3]) *Simone della Tosa.*

---

an der Chronik zu, s. das Vorwort des Autors T. VII und was der Herausgeber in der Einl. darüber sagt.

[1]) Ausgabe von Adami. Roma 1755.
[2]) Cronichette antiche di vari scrittori di Firenze app. Dom. Manni. Fir. 1733. p. 125—171.
[3]) Scheffer-Boichorst S. 186.

Man kommt nicht weit mit dem Nachweis der Quellen der florentinischen Geschichte, aus welchen der Fälscher des Dino Compagni geschöpft haben könnte. Die Uebereinstimmung mit Villani und Paolino Pieri beschränkt sich auf einzelne Daten und wenige im Wortlaut verwandte Sätze, während die Erzählung derselben Geschichten in Auffassung und Darstellung völlig abweichend, in den Thatsachen oft widersprechend ist. Wird man nun unserem Kritiker Glauben schenken, dass alles was Dino's Chronik Eigenthümliches hat, theils der eigenen lebhaften Phantasie des Fälschers, theils einem sonderbaren Widerspruchsgeist zuzuschreiben sei, aus welchem er, die echten Quellen der Geschichte vor Augen, absichtlich lügenhaft das Gegentheil von diesen vorgetragen habe?[1])

Ein solches Verfahren scheint doch an sich kaum denkbar und wäre ohne Beispiel in der Reihe der gefälschten Historien, die wir kennen. Selbst ein historischer Romanschreiber würde sich doch hüten, wenn er den Schein der Wahrheit behalten will, den bekannten glaubwürdigen Quellen in auffallender Weise zu widersprechen. Manche Unrichtigkeiten lassen sich leichter bei Dino als bei dem Fälscher begreifen. Jener konnte irren oder schlecht unterrichtet sein, dieser konnte sich leicht mit den Quellen, die er benutzte, in Uebereinstimmung setzen.

Urkunden. Manches von dem, was die Chronik Dino's aus Florenz berichtet, lässt sich entweder nur aus selbsterlebter Erfahrung des Autors oder aus Kenntniss der Urkunden erklären. Von dieser Art ist, was ich oben in Bezug auf den Friedensschluss des Cardinals Latino und die Ordnungen der Gerechtigkeit hervorgehoben habe. Aus Benutzung einer Urkunde vom 9. Dec. 1294, freilich mit falscher Anwendung, erklärt auch Scheffer-Boichorst (S. 88) die Namen der Verschwörer gegen Giano della Bella bei Dino (I. 14 am Ende); aus Benutzung eines Rathsbeschlusses vom 7. Nov. 1301 die beiläufige Erwähnung (II, 5), dass die Prioren vom October, zu denen Dino gehörte, in S. Croce zusammenkamen (S. 156). Der wenig bedeutende Umstand in der Erzählung Dino's (II, 18), dass Messer Corso Donati, als er an dem verhängniss-

---

[1]) Scheffer-Boichorst S. 92. 157 und öfter.

vollen Novembertage in die Stadt eindrang, sich der Häuser der Corbizzi bemächtigte, findet sich durch eine Notiz im Kämmereibuch bestätigt.[1]) Scheffer-Boichorst nimmt sogar an, dass der Fälscher die grosse Sammlung der Rathsbeschlüsse (Provvisioni maggiori) im Florentiner Archiv gekannt habe (S. 155)! Man wird hiernach schon nicht mehr so ganz gering von der Arbeit des Fälschers denken, von dessen Leichtfertigkeit und Lügenhaftigkeit seine Ankläger nicht genug zu sagen wissen. Und welches seltsame Räthsel giebt uns doch dieser wunderbare Fälscher aus dem 16. Jahrhundert auf! sorgfältig und genau in gleichgültigen Nebendingen, giebt er sich in den Hauptsachen die auffallendsten Blössen, setzt er sich absichtlich mit allbekannten Quellen in Widerspruch!

Doch ich fahre fort in der kritischen Untersuchung der Chronik in Bezug auf deren Verhältniss zu anderen bekannten Quellen. Sehen wir was sie, hauptsächlich im 3. Buch, über die italienische, die Reichs- und Papstgeschichte bringt. Ueber diese steht uns ein reiches Quellenmaterial von italienischen Localchroniken wie von Urkunden zu Gebote. Mochte der Fälscher des 16. Jahrhunderts in Florenz eine reiche Bibliothek zu seiner Verfügung haben,[2]) so würde man doch wohl nicht Mailändische und andere fern liegende Localchroniken, welche Muratori's Sammlung im 18. Jahrhundert ans Licht gebracht hat, darin vermuthen. Er war für die italienische Zeitgeschichte zu Anfang des 14. Jahrhunderts, ebenso wie für die florentinische, hauptsächlich an Villani gewiesen. So hält auch Scheffer-Boichorst (S. 185) die Chronik des letzteren für die Hauptquelle, denn mit geringen Ausnahmen sei alles aus bekannten Quellen geschöpft; bei der Papstgeschichte wurden die Vitae von Bernardus Guidonis herangezogen, bei der Mailändischen die Chronik des Johann von Cermenate (S. 175). Ich finde jedoch den Beweis für die Benutzung der beiden letzteren Schriftsteller bei weitem nicht mit überzeugender Sicherheit geführt.

Reichs- und Papstgeschichte.

---

[1]) Scheffer-Boichorst S. 150 und die S. 211 abgedruckte urkundliche Stelle.
[2]) Scheffer-Boichorst S. 175.

Villani, Bernard Guidonis.

Die Nachricht Dino's z. B. über den Tod des Bonifaz VIII (II, 35), wonach der Papst in Anagni gefangen und nach Rom gebracht wurde, sich dort den Kopf zerstiess und in der Raserei starb, stammt weder aus Bernardus, noch aus Villani. Der erstere berichtet kurz: der Papst wurde denen, die ihn gefangen genommen, wieder entrissen und nach Rom geführt, wo er starb.[1]) Villani (VIII, 63) weiss gleichfalls, dass der Papst in Anagni wieder in Freiheit gesetzt wurde, und erzählt weiter, wie derselbe mit seinem ganzen Hof nach Rom ging, in der Absicht ein Concil zu halten und sich an dem König von Frankreich zu rächen; doch Gott wollte, dass er aus Schmerz über die ihm zugefügte Schmach in Krankheit fiel, wobei er sich wie ein Rasender zerbiss und in diesem Zustand aus dem Leben schied. Paolino Pieri (p. 76) giebt an: die meisten erzählten, der Papst sei in der Raserei, in der er sich die Hände zerbiss, gestorben. Gerade so wie die Zeitgenossen Paolino und Villani folgte auch Dino bei seiner Erzählung lediglich dem öffentlichen Gerücht [secondo udienza].[2])

Auch die bekannte Anekdote, dass der Nachfolger des Bonifaz, P. Benedict XI, an vergifteten Feigen gestorben sei, brauchte Dino nicht, wie Scheffer-Boichorst annimmt (S. 173), aus Villani (VIII, 80), der sie novellenartig ausgeschmückt hat, zu entnehmen. Dieselbe Geschichte findet sich bei anderen Zeitgenossen wie bei späteren.[3])

Dino nennt (III, 517) Clemens V vor seiner Wahl: Ramondo del Gotto, arcivescovo di Bordò, unrichtig statt Bertrando, ebenso Villani (VIII, 80). Das macht ihn der Benutzung des letzteren verdächtig.[4]) Und doch hätte der Fälscher sich alles andere, was

---

[1]) Scheffer-Boichorst (S. 72) setzt scharfsinnig auseinander, wie der Fälscher die nicht wohl misszuverstehende lateinische Stelle des Bernardus dennoch missverstanden habe. Das heisst nicht, die Benutzung nachweisen!

[2]) Auf dieselbe Quelle ist noch zurückzuführen: Königshofen, Strassburgische Chronik (Städtechron. IX) 579: „*Und liessent in in der gefengnisse hungers sterben, das er ime selber die hende abe as.*"

[3]) Franc. Pipini Bonon. Chronicon bei Murat. IX, 747. Ricobaldi Ferrar., Murat. IX, 254. Königshofen 580.

[4]) Scheffer-Boichorst S. 173.

Villani über die Wahl dieses Papstes bringt — erdichtete Reden, Verhandlungen und Bedingungen des Königs von Frankreich entgehen lassen! Dino begnügt sich einfach zu erwähnen was richtig ist: die Wahl sei geschehen nach dem Willen des Königs von Frankreich und durch die Bemühung der Colonna und des Cardinals von Prato. Nur stimmt er weiterhin (p. 524 A.) noch einmal mit Villani (VIII, 91) überein, wo er sagt, dass der König an den Papst die Forderung gestellt habe, die Gebeine des Bonifaz VIII verbrennen zu lassen. Dasselbe findet sich aber auch bei dem vortrefflichen Geschichtschreiber Albertinus Mussatus,[1]) der es sicher nicht aus Villani hat. Es war die verbreitete Meinung.

Nicht zu bestreiten ist, dass Dino in Einzelheiten aus der Papstgeschichte mit Bernardus Guidonis und Villani, in anderen Einzelheiten aus der Mailändischen Geschichte mit Johannes von Cermenate und Villani zusammentrifft. Um aber überall Benutzung dieser Chronisten anzunehmen, muss man schon zum voraus von der Fälschung des Dino überzeugt sein. Umgekehrt steht die Frage für uns vielmehr so: Lässt sich in der That die Abfassung der Chronik durch einen späteren Fälscher, theils mit Benutzung der historischen Quellen, theils aus blosser Erfindung erklären?

Was Dino (III, 525) über die Ankunft Heinrichs VII in Mailand, seine Krönung mit der lombardischen Krone und den Aufstand der Söhne des Guido della Torre berichtet, hat nichts gemein mit Villani (IX, 9. 11), abgesehen von der ähnlichen Beschreibung der lombardischen Krone,[2]) welche aber im Text von Villani nur interpolirt ist.[3]) Doch die erste Begegnung des römischen Königs mit Guido della Torre vor dem Thore von Mailand ist bei Dino fast ebenso wie von dem Augenzeugen Johann von Cermenate geschildert.[4]) Die Benutzung dieses Mailändischen

Johann von Cermenate.

---

[1]) Murat. X, 268.
[2]) Scheffer-Boichorst S. 178.
[3]) S. die Note in der Ausg. Trieste 1857, die mir vorliegt, p. 223.
[4]) Scheffer-Boichorst S. 176. Für das „gittò in terra la bacchetta", welches Scheffer-Boichorst nicht unterzubringen weiss, finde ich eine Ana-

Chronisten ist an sich im höchsten Grade unwahrscheinlich,[1]) und alles andere, was Dino über die Vorgänge in Mailand berichtet, so völlig abweichend von jenem, dass es unmöglich ist, an seine Bekanntschaft mit demselben zu glauben. Unrichtig erzählt Dino den Hergang bei dem Aufstand in Mailand, unrichtig ist selbst das Krönungsdatum des 25. Dec. 1310 statt des 6. Januar 1311.[2]) Aber auch Villani, der sich sehr genau bei Augenzeugen nach den Vorgängen in Mailand erkundigte (IX, 11), fand es unmöglich, über die Verschwörung gegen den römischen König ins Reine zu kommen; und anderes wieder, was Dino' erwähnt, wie die Entzweiung in dem Hause della Torre, dessen Oberhaupt Guido seine Neffen, den Erzbischof und dessen Bruder, ins Gefängniss setzte, das Verhalten des Maffeo Visconti, der den König auf dem Zuge in der Lombardei begleitete und ihm rieth, nicht den Weg nach Pavia, sondern den nach Mailand einzuschlagen, sonst werde er Mailand verlieren — findet sich durch zuverlässige zeitgenössische Geschichtschreiber bestätigt, deren Benutzung man gleichfalls bei dem Fälscher anzunehmen hätte.[3]) Dazu die bekannte schöne Stelle (525 E) über das Verhalten des Königs in Mailand gegenüber den Parteien: „Von Guelfen und Gibellinen wollte er nichts hören; das falsche Gerücht beschuldigte ihn mit Unrecht. Die Gibellinen sagten: er will niemand sehen ausser Guelfen; und die Guelfen: er empfängt nur Gibellinen. Aber der Wille des Kaisers war der gerechteste, denn er liebte jeden und ehrte alle als seine Unterthanen (come suoi uomini)" — woher hat sie der Fälscher geschöpft, etwa aus der Charakterschilderung des Kaisers von Albertinus Mussatus oder aus der Rede Heinrichs VII in Turin bei Nicolaus von Butrinto?[4]) Fast für jeden seiner kurzen Sätze

---

logie bei der Vertreibung des Herzogs von Athen aus Florenz im Jahre 1343: E in segno del deposto imperio e dominio depose il bastone che havea in mano. Ammirato, Ist. Fior. I, p. 471.

[1]) Muratori führt denselben in seinem Vorwort SS. T. IX, 1223 mit den Worten ein: Historiam hanc anno 1698 primus ego e tenebris in lucem protuli.

[2]) Scheffer-Boichorst S. 177—179.

[3]) Albertin. Mussatus X, 335. Morigia XII, 1097.

[4]) Murat. X, 340. Böhmer Fontes I, 70.

in diesem Theil seiner Chronik müsste der Fälscher die eine oder andere von den vielen uns bekannten Quellen herangezogen haben! Ist es möglich eine solche literarische Arbeit und eine solche Bekanntschaft mit den Chronisten des 14. Jahrhunderts bei einem italienischen Schriftsteller im 16. Jahrhundert zu denken? und diese Art der Composition bei einem Geschichtswerk, welches nach Anlage, Geist und Stil wie aus einem Guss geschaffen scheint! Doch versuchen wir es noch weiter mit der Hypothese der Fälschung.

Dino schildert die Demüthigung von Cremona, die Belagerung und Unterwerfung von Brescia. Keine Spur von Verwandtschaft mit der kurzen und trockenen Erzählung von Villani (IX, 15. 20)! Aber vielleicht Benutzung von Johann von Cermenate und ausserdem prächtige Phantasiebilder des Fälschers?[1] — Chronik III, 527.

Dino nennt die drei Cardinäle, welche die Capitulation von Brescia vermittelten, in derselben Reihenfolge und ohne den Cardinallegaten von Sabina, der gleichfalls dabei war; ebenso Cermenate;[2] ebenso aber auch, füge ich hinzu, das Chronicon Mutinense.[3] Dass der König den Brescianern Leben und Vermögen zusicherte, wie Dino erzählt, findet sich durch die Acten über die gepflogenen Verhandlungen bestätigt, und als Bedingung, nicht als Gnade, haben dies die Brescianer aufgefasst.[4] Malerisch und rhetorisch geschildert ist von Dino der Auftritt, wie der erzürnte König die um Gnade flehenden Cremonesen anzuhören verschmähte, wie er auf die Nachricht von der Rebellion der Brescianer die Hand drohend

---

[1] Scheffer-Boichorst S. 176. 182.
[2] Murat. IX, 1260.
[3] Murat. XV, 371: scil dom. Nicolaus de Prato Ostiensis, dom. Albanensis, dom. Lucas de Flisco qui procuravit dictam compositionem civitatis Brixiae.
[4] S. die Verhandlungen von der Capitulation bei Dönniges Acta Heinrici VII, II, 22 s. und was Albertin. Mussatus, Mur. X, 394 B. darüber sagt, womit zu vergleichen die Auffassung von Heinrich VII selbst in dem Schreiben an seinen Sohn, Böhmer Reg. p. 294.

aus Schwert legte. Aber blosse Phantasiebilder aus eigener Erfindung sind es darum doch nicht. Wenigstens die Haltung Heinrichs VII gegenüber den Cremonesen findet sich auf ähnliche Weise von Cermenate beschrieben.[1]) Gewiss hat auch die dichterische Phantasie bei Dino ihren Antheil; aber wem steht sie besser an, dem Fälscher, der sein Werk mühsam aus den Quellen zusammenflickte, oder dem Zeitgenossen Dino, der ein Dichter war? Und woher hat doch der Fälscher solche Einzelheiten genommen, wie den Namen des Podestà von Cremona, Ritter Ranieri Buondelmonti von Florenz, den Ort Raminingo, wohin der König die Gefangenen von Cremona schickte,[2]) und das hier einmal richtig zutreffende Datum der Uebergabe von Brescia am 18. September?[3]) Woher wusste er von dem Streit der Parteien in Pavia, welcher die Vertreibung des Geschlechts Beccheria zur Folge hatte, den Heinrich VII bei seiner Ankunft dort zu schlichten bemüht war? Immer wieder andere Quellen musste der Fälscher im Fortgang seiner äusserst knappen Erzählung bei jedem Schritt zu Hülfe nehmen! Ich verzweifele an dieser Erklärung der Chronik und finde es unendlich viel leichter und natürlicher bei dem Zeitgenossen Dino, der die italienische Zeitgeschichte secondo udienza schrieb, neben dem Richtigen auch das Unrichtige, das er bringt, zu begreifen.

Ferrara, Chronik III, 520 A. Mehrfach ist in der Chronik von Geschichten, die sich in Ferrara zutrugen, die Rede. Der Abfall der Städte Parma, Reggio und Modena von dem Markgrafen Azzo von Este (Anfang 1306)

---

[1]) Murat. IX, 1155: Nam sese dedentium humiles ac despectos vultus et habitum videre respuens, precatus humiles nec non duros motura lapides Supramontis verba non audit.
[2]) Bestätigt durch Albert. Mussatus, Mur. X, 364 D. 395 C. Castrum Rimenengi im Gebiet von Cremona, von Benci in seiner Ausg. des Compagni lächerlicher Weise auf Remagen am Rhein gedeutet.
[3]) Bestätigt durch das Schreiben Heinrichs VII an seinen Sohn bei Böhmer a. a. O. Villani IX, 20 giebt den 16 Sept., Cermenate kein Datum an.

wird erzählt und als Grund die Vermählung des Markgrafen Azzo mit Beatrix von Neapel angegeben; die Brüder des Markgrafen und der Adel der Städte, insbesondere der mächtige Ritter Gibert von Parma, sind als Häupter der Empörung genannt. Villani ist nicht Quelle; er erwähnt (VIII, 83) die Befreiung von Modena und Reggio nur mit zwei Worten ohne alles andere.¹) Unrichtig ist Dino's Angabe, dass der Markgraf die beiden Städte seiner jungen Gemahlin zum Heiratsgut ausgesetzt habe, aber richtig die Hauptsache, dass die Vermählung die nächste Veranlassung zur Empörung gab, weil in dem Heiratsvertrag die Bestimmung enthalten war, dass im Fall ein Sohn geboren würde, dieser die väterlichen Besitzungen erben sollte, wesshalb Markgraf Francesco, der Bruder des Azzo, gleich nach der Hochzeit den Krieg begann.²) Man sieht, wie die irrige Auffassung, welche Dino zu Ohren kam, entstanden war. Ein späterer Fälscher hätte dies sicher nicht erfunden!

Weiter berichtet die Chronik von dem Erbstreit in Ferrara nach dem Tode des Markgrafen Azzo (1308, Jan. 31). Der Bastardsohn des Markgrafen, um sich gegen dessen Bruder Francesco zu behaupten, schloss Vertrag mit den Venezianern. Sein Nebenbuhler war mit den Bolognesen verbunden, und noch wirksamere Hülfe gewährte ihm der Cardinallegat Pelagrù, der einen Kreuzzug gegen die Venezianer verkündigte und dadurch erreichte, dass diese geschlagen und aus Ferrara verjagt wurden. Dies stimmt gut mit den einheimischen Nachrichten von Ferrara zusammen.³) Aus Villani (VIII, 88. 103), der davon nur kurz und undeutlich redet, konnte der Fälscher es nicht schöpfen.⁴)

Chronik III, 530 A.

---

¹) An anderer Stelle VIII. 88 spricht Villani von dem Bund der Veroneser, Mantuaner und Bresciauer gegen den Markgrafen von Ferrara, weil sie argwöhnten, dass er sich zum Herrn der Lombardei machen wollte, nachdem er eine Tochter des Königs Karl zur Frau genommen hatte.
²) Chron. Estense, Mur. XV, 351, cf. Muratori, Antichità Est. II, 66.
³) Chron. Est. 364.
⁴) Villani nennt an der ersten Stelle den Bastard Francesco, den die Venezianer begünstigten und sagt an der zweiten, die Venezianer hätten Messer Francesco aus Ferrara vertrieben. Dass unter letzterem der Bruder des verstorbenen Markgrafen gemeint sei, muss man anderweitig wissen, sonst ist dies nicht zu verstehen.

Die Floren- Bei dem Romzug Heinrichs VII schildert Dino wiederholt
tiner. Chro- die rührige Thätigkeit, welche die Florentiner nach allen Seiten
nik III, 529 B. hin entfalteten, um dem Könige Hindernisse zu bereiten und sich
selbst durch Bundesgenossen und auswärtige Hülfe zu verstärken.
Es gelang ihnen, wie die Chronik erzählt, den Messer Gibert von
Parma, der dem König eine ansehnliche Machtvergrösserung verdankte, durch Geld und Versprechungen zum Abfall zu bewegen.
Villani (IX, 32) erwähnt die Empörung des Gibert, doch ohne die
näheren Umstände, welche Dino angiebt: die Uebertragung der
Herrschaft von Reggio an Gibert von Parma, die Bestechung des
letzteren durch das Geld der Florentiner, die Einsetzung des Marchese Palavicino als kaiserlicher Vicar in Cremona — alles dies
findet sich durch andere zeitgenössiche Quellen, das Iter Italicum
von Nicolaus von Butrinto, die Chroniken von Cremona und Modena bestätigt.[1]) Sollte der Fälscher auch diese Quellen benutzt
haben?

Chronik Weiter erzählt unsere Chronik von einer Gesandtschaft der
530 A. E. Florentiner an den Hof des Königs von Frankreich und an den
päpstlichen zu Avignon; er nennt die Gesandten Pino de' Rossi
und Gerard Bostichi, zwei tapfere Ritter, welche dort viel Geld
aufwendeten und doch nichts erreichten. Pino starb in Avignon;
ihm zu Ehren wurden zwei seiner Verwandten in Florenz zu
Rittern gemacht; nicht so wurde Messer Gerard Bostichi geehrt,
als er gleichfalls mit Tod abging, denn er hatte nicht so fest zu
den schwarzen Guelfen gehalten. Nichts davon bei Villani! aber
ein Schreiben der florentinischen Signorie nach Avignon in der
Sammlung von Bonaini bezeugt die Gesandtschaft und den Tod
des Messer Pino.[2]) Woher wusste das doch der Fälscher im
16. Jahrhundert?

---

[1]) Iter Italicum, Böhmer Fontes I, p. 94. 98 — ubi audivimus, quod
dominus Guibertus de Correggia pacta fecerat pro duodecim millibus florenorum (Dino sagt 15000), que Florentini et liga eorum debebant solvere.
Chron. Cremon. Monum. Germ. SS. XVIII, 808. Cron. Mutin. Murat. XV,
371 C.

[2]) Von Scheffer-Boichorst S. 187, Note 3 citirt.

Die Florentiner benutzten, nach Dino, zu dem gleichen Zweck Chronik 530 C. ihrer guelfischen Politik die Anwesenheit des päpstlichen Legaten, Cardinal Pelagrù in Florenz, Sept. 1310. Die Empfangsfeierlichkeit bei dessen Ankunft mit Fahnenwagen und Fechtern ist hier auf ähnliche Weise beschrieben wie bei Villani (VIII, 115) und bei dem späteren Simone della Tosa.[1]) Scheffer-Boichorst (S. 186) möchte desshalb Benutzung des letzteren annehmen. Ich glaube nicht daran. Dino allein berichtet von den Unterhandlungen der Florentiner mit dem Legaten, dem sie viel Geld gaben, damit er seinen Einfluss bei dem Papst gebrauche, um den Romzug des Königs aufzuhalten. Der Cardinal, erzählt derselbe weiter, sei hierauf zum Kaiser gegangen, welcher ihn nicht sehr freundlich empfing, weil er von seinen Verhandlungen mit den Florentinern wusste; alsdann sei er nach Avignon zurückgekehrt. Albertinus Mussatus, ein vortrefflicher Geschichtschreiber der Zeit, der schon anderes bei Dino, wie wir gesehen, bestätigt hat, an dessen Benutzung durch den Fälscher man desshalb etwa auch denken könnte, — widerspricht hier aufs allerbestimmteste. Denn nach seiner Erzählung wich Cardinal Pelagrù, obwohl er den Auftrag hatte, den König auf seinem Zuge in Italien zu begleiten, demselben vielmehr aus und kehrte auf anderem Wege nach Avignon zurück.[2]) Nichtsdestoweniger behält Dino Recht! Bischof Nicolaus von Butrinto war, wie er im Iter Italicum erzählt, eben im Begriff seine Mission nach Avignon anzutreten und noch anwesend in Asti, als Cardinal Pelagrù dort bei dem römischen Könige ankam;[3]) auch hat Heinrich VII selbst in mehreren Urkunden, die er zu Asti ausfertigen liess (vom 24. und 25. Nov. 1310), die Assistenz des genannten Legaten bezeugt.[4]) Welche Quelle hat hier der Fälscher benutzt?

---

[1]) Chronichette ed. Manni S. 160.
[2]) Muratori X, 330.
[3]) Böhmer Fontes I, 74.
[4]) Dönniges, Acta I, 3—5: In sede sue majestatis residens cum assistentia venerabilis in Christo patris dom. Arnaldi Dei gratia sct. Petentiane dyaconi cardinalis in partibus Italiae summi pontificis generalis legati.

Pistoja. Chronik 531 D.

Weiter erwähnt Dino den Bund der guelfischen Städte unter der Leitung von Florenz gegen den römischen König, wobei er sich besonders über das Verhalten von Pistoja, Lucca, Siena, Bologna ausspricht. Nur in aller Kürze gedenkt Villani (IX, 17) dieses Städtebundes im Juni 1311 und nennt dabei auch Pistoja unter den Verbündeten. Dagegen sagt Dino von den Pistojesen, sie hätten sich sehr zurückgehalten, weil sie noch durch den früheren Krieg erschöpft waren und dem Marschall eine hohe Steuer entrichten mussten. Zur Bestätigung dieser Angabe dienen die Istorie Pistolesi, wonach die Stadt sich unter die Hoheit des Königs Robert von Neapel begeben hatte, welcher seine Vicare dorthin schickte; und von einer Betheiligung derselben an dem Städtebund ist dort gleichfalls nichts erwähnt.[1])

Lucca.

Von den Lucchesen sagt Dino, dass sie mit dem Kaiser unterhandelten und Bedingungen stellten, unter denen sie ihm gehorchen wollten, nämlich Bestätigung ihres Besitzes vom Reichsland und nicht Zurückführung ihrer Verbannten. „Ein blosses Phantasiestück," meint Scheffer-Boichorst (S. 182, Note 1), „ist auch die Rolle, welche Dino die Stadt Lucca spielen lässt." Allein fast dasselbe sagt der trefflich unterrichtete Albertinus Mussatus.[2]) Also Benutzung von Mussatus, welchem Dino oben mit gutem Grunde widersprach?

Chronik 531 E.

Dino fährt fort in Bezug auf Lucca: „Der Kaiser schloss keinen Vertrag, weder mit ihnen, noch mit anderen; sondern schickte Messer Ludwig von Savoyen und andere Gesandte nach Toscana, welche von den Lucchesen ehrenvoll aufgenommen wurden." Die Gesandtschaft von Ludwig von Savoyen fand statt schon vor der Ankunft des Königs in Italien, Juli 1310.[3]) Auf diese folgte die des Bischofs Nicolaus von Butrinto mit dem päpstlichen Notar Pandolf Savelli von Pavia aus, im October 1311, über welche der

---

[1]) Murat. XI, 399.
[2]) Murat. X, 350: Lucenses destinatis legatis — — aere multo promisso, *ut immunes imperialium obsequiorum, suis exclusis exulibus,* liberi manerent etc.
[3]) S. oben S. 34.

erstere ausführlich berichtet,[1]) und deren auch Villani (IX, 26) gedenkt, die aber Dino mit Stillschweigen übergeht; dafür kommt der letztere, wie wir schon sahen, noch einmal am unrechten Ort (532 C) auf die Gesandtschaft von Ludwig von Savoyen zurück.

Das Verhalten von Siena wird als zweideutig geschildert [Siena puttaneggiava],[2]) eine Angabe, welche anderweitige Bestätigung findet, wenn auch nicht durch Villani.[3]) Uebereinstimmend aber mit diesem berichtet Dino (532 B), dass die Pisaner dem römischen König 60,000 Floren in die Lombardei übersandten und ihm ebenso viel versprachen, wenn er in Toscana angekommen wäre;[4]) und wirkliche Benutzung von Villani lässt ferner die gleichlautende Nachricht über die Ankunft Heinrichs VII in Pisa mit 30 Galeeren am 6. März 1311 (1312) vermuthen.[5]) Weniger deutlich ist die Verwandtschaft mit Villani an der andern von Scheffer-Boichorst hervorgehobenen Stelle (533 C), welche die Kaiserkrönung Heinrichs VII betrifft, weil das übereinstimmend falsche Datum des 1. August aus dem gleichen Missverständniss auch noch bei anderen Chronisten sich findet,[6]) und auch die gleiche Reihefolge der Cardinäle, bei welcher Dino den Arnald de' Frangeri mit Arnald Pelagrù verwechselt, noch anderweitig vorkommt.[7])

Siena, Pisa.

---

[1]) Iter Ital. bei Böhmer I, 98 sq.

[2]) Vgl. Dino II, 28, wo auf die Weissagung Bezug genommen ist: La lupa puttaneggia, cioè Siena che è posta per la lupa.

[3]) Cronica Sanese, Murat. XV, 46.

[4]) Villani IX, 7 sagt dasselbe, nur mit dem Unterschied, dass nach ihm die Pisaner ihr Geldgeschenk an den König schon über die Alpen schickten, um ihn zum Romzuge anzutreiben.

[5]) S. die Zusammenstellung der Sätze bei Scheffer-Boichorst S. 180. Ich habe dieselbe Nachricht bis jetzt noch bei keinem andern Chronisten gefunden.

[6]) S. oben S. 33.

[7]) Scheffer-Boichorst S. 180 nimmt die gleiche Verwechslung bei Dino und Villani an, um die Abhängigkeit des ersteren zu beweisen; aber nur Dino nennt bestimmt Arnaldo Pelagrù cardinale di Guascogna, welcher nicht bei der Krönung war, Villani hingegen Arnaldo Guasconi, gleich als ob Guasconi Geschlechtsname sei, und er könnte wirklich Arnaldo de' Frangeri gemeint haben, der gleichfalls Gascogner war: s. die Note zu Albert. Mussatus, Murat. X, 383. So findet sich dieser dritte Cardinal auch kurz-

Robert von Neapel. Chronik III, 533.

Was Dino über die Vorgänge in Rom nach der Ankunft des römischen Königs berichtet, steht zum Theil im Widerspruch mit der thatsächlichen Geschichte, wie Scheffer-Boichorst (S. 182 f.) sehr genau aus den Florentiner Acten in Bonaini's noch nicht publicirter Sammlung nachgewiesen hat. Die Sendung des Prinzen Johann mit neapolitanischen Truppen nach Rom von Seiten seines Bruders des Königs Robert erfolgte nicht erst, wie Dino erzählt, nachdem Heinrich VII bereits in Rom eingetroffen war, sondern schon früher kamen die Neapolitaner und nach ihnen auch die florentinischen Hilfstruppen dorthin, um die Kaiserkrönung Heinrichs VII zu hindern. Viel besser als Dino zeigt sich Villani (IX, 39) unterrichtet, wenngleich auch seine Daten nicht eben genau mit denen der Acten übereinstimmen. Gewiss ist, dass beide Chronisten nicht nach den Acten über diese Dinge geschrieben haben. Dino, der seit November 1301 ausserhalb der Geschäfte stand, erzählt davon, „secondo udienza", und nichts ist aus Villani geschöpft, weder das Richtige, noch das Unrichtige. Wenn Dino sagt, dass die Florentiner den König von Neapel angetrieben hätten, sich dem Kaiser zu widersetzen: so bestätigen dies die Florentiner Acten.[1]) Wenn er ferner angiebt, dass König Robert den Florentinern seine Hülfe versprach, dabei aber Freundschaft gegen den Kaiser heuchelte, dass er ihm durch Abgesandte seine Freude über die Ankunft in Rom zu erkennen gab, dass er ihm grosse Versprechungen machte und seine Verwandtschaft durch eine Heirat nachsuchte, so wie dass er seinen Bruder in feindlicher Absicht nach Rom schickte, aber unter dem Vorgeben, dass es zu Ehren der Krönung und dem Kaiser zu Hülfe geschehen sei: — so findet sich dies alles gleichfalls vollauf durch die am besten unterrichteten

---

weg als Gascogner bezeichnet in Cronica di Pisa, Murat. XV, 985: Nel 1313 lo ditto Imperatore n'andòe per la via di maremma al Ponte Molle col cardinale messer Niccolajo da Prato che si chiamava messer d'Ostia, e con altro cardinale messer Luca da Fiesco e *con uno Guascone* — wo die gleiche Reihenfolge der Cardinäle wie bei Dino und Villani zu bemerken ist.

[1]) Nobis impingentibus, schreiben die Gesandten, Johannes frater Regis venit ad urbem. Scheffer-Boichorst S. 183.

Zeitgenossen, Nicolaus von Butrinto und Albertinus Mussatus, bestätigt. Nach dem ersteren bewarb sich K. Robert um die Vermählung seines Sohnes mit der Tochter des römischen Königs schon zur Zeit, als dieser in Brescia war,[1]) und die Unterhandlung hierüber wurde nachher noch in Rom mit dem Prinzen Johann bis auf den letzten Moment fortgesetzt, wobei der Bischof von Butrinto, welcher selbst der Unterhändler auf Seiten des Kaisers war, auch von dem Schreiben des Königs Robert an Heinrich VII Erwähnung thut, worin derselbe versicherte, dass er seinen Bruder nur desshalb nach Rom geschickt habe, um den Kaiser bei seiner Krönung zu ehren.[2])

Zu den auffallend falschen Nachrichten bei Dino gehört die über den Tod des Bischofs Theobald von Lüttich, dessen er an einer früheren Stelle gedenkt, wo er sagt: „Von den drei Cardinälen, welche der Papst zu dem Kaiser als dieser vor Brescia lag gesendet hatte, starb der eine, der von Albano, in Lucca. Auch der Bischof von Lüttich, der ein grosser Freund des Kaisers war und welchem dieser Rezzuolo zwischen Reggio und Mantua geschenkt hatte, starb dort." Zwar der Tod des Cardinals Albano zu Lucca (6. Dec. 1311) findet sich anderweitig bestätigt;[3]) aber von dem Bischof Theobald von Lüttich ist aus Villani (IX, 43) und allen anderen Quellen bekannt, dass er in einem blutigen Strassenkampf des kaiserlichen Heeres zu Rom (26. Mai 1312) blieb. Die falsche Nachricht bei Dino rührt vermuthlich von einer Verwechselung her und ist immerhin denkbar bei einem Zeitgenossen, der nach Hörensagen schrieb: sie ist es nicht bei einem Fälscher, der aus den Quellen schöpfte, denn was hätte dieser sonst von dem Bischof von Lüttich erfahren, als eben nur dies, dass er zu Rom umkam? Und wo findet sich

Theobald von Lüttich Chronik 530 D

---

[1]) Böhmer, Fontes I, 87.
[2]) Ib. p. 107; vergl. Albert. Mussatus, Mur. X, 407 A. 451 A. und Johannes de Cerm., Mur. IX, 1262.
[3]) Albertin. Muss. 410 A. Ptolem. Luc. hist. eccl., Mur. XI, 1236.

noch, was Dino hier beiläufig angiebt, dass der Kaiser dem ihm innig befreundeten Bischof Rezzuolo geschenkt habe, welches nach dem Tode desselben die Mantuaner wieder an sich brachten?

Ich komme mit der Untersuchung über die Quellenbenutzung bei Dino in den kurz gefassten Nachrichten des dritten Buchs über die italienische Zeitgeschichte und den Romzug Heinrichs VII zu dem Ergebniss, dass mit Wahrscheinlichkeit allein die Benutzung von Villani, und zwar in zwei wenig bedeutenden Stellen, welche sich auf das Geldgeschenk der Stadt Pisa an den Kaiser und die Ueberfahrt des letzteren von Genua nach Pisa beziehen, anzunehmen ist, während alles übrige, theils in mancherlei Localchroniken und selbst Urkunden eine mitunter überraschende Bestätigung findet, theils sich nicht weiter nachweisen lässt. Die Hypothese der späteren Abfassung der Chronik Dino's durch einen Fälscher, der nur entweder aus den Quellen oder eigener Erfindung schöpfen konnte, setzt eine so umfassende Quellenforschung der Zeitgeschichte voraus, wie sie bei einem späteren Autor, sagen wir des 16. Jahrhunderts, geradezu undenkbar ist, und vermag damit doch andererseits wieder nicht die auffallenden Irrthümer und Unrichtigkeiten zu erklären, welche uns bei Dino im Widerspruch mit den nächstliegenden Quellen, namentlich Villani, begegnen.

Die Chronik als ganzes. 5. Ich habe in der bisherigen kritischen Untersuchung, welche, wo sie aufs einzelne geht, nicht anders als umständlich und peinlich verfahren kann, die Chronik nur in einer Reihe von Einzelheiten beleuchtet. Sie hat aber Anspruch darauf, auch einmal wieder im ganzen angesehen zu werden. Vielleicht gewinnt sie hierbei die günstige Meinung wieder für sich zurück, die sie bei der mikroskopischen und mikrologischen Betrachtung mehr als billig verloren hat! Die namhaftesten Geschichtskundigen und Literarhistoriker des vergangenen und des gegenwärtigen Jahrhunderts, die ihr so überschwängliches Lob gespendet, sie sogar den classischen Werken des Alterthums an die Seite gestellt haben, sind sie in diesem Falle so ganz urtheilslos und unverständig gewesen, einem elenden und lächerlichen Machwerk, wie man es jetzt nennt, irgend eines unwissenden Fälschers späterer Zeit eine so wenig verdiente Bewunderung zu zollen? Es ziemt sich wohl, auch ihrem Urtheil die gebührende Beachtung zu schenken. Ihre Rechtfertigung liegt, wie mich dünkt, darin dass sie hauptsächlich dem Totaleindruck oder der Wirkung, welche Compagni's Chronik als ganzes bei dem Leser hervorbringt, gefolgt sind und mehr auf die innere Wahrheit und den Geist, womit sie uns anspricht, als auf die Richtigkeit der einzelnen Thatsachen geschaut haben.

Fassen wir also den Plan und die Ausführung des Werkes, die leitende Idee und den Zweck des Autors ins Auge. *Plan und Idee des Werks.*

Dino wollte, wie schon bemerkt wurde, hauptsächlich die Ereignisse in Florenz um das Jahr 1300, in welcher Zeit auch sein öffentliches Leben (Nov. 1301) abschloss, erzählen. Diesem Plan entsprechend nimmt die Geschichte der Jahre 1299 bis 1306 weit den grössten Raum der Chronik ein. Alles was im ersten Buch bis zum 19. Kapitel vorausgeht, ist nur Vorläufiges als historische Einleitung, alles was in der zweiten Hälfte des dritten Buchs noch folgt, nur Abschluss.[1]) Dort sind einzelne wichtige Vorgänge in Florenz aus den beiden letzten Jahrzehnten hervorgehoben, hier steht der Romzug Heinrichs VII und die damit zusammenhängende Zeitgeschichte im Vordergrund.

Die Idee der Gerechtigkeit Gottes ist der die geschichtliche Auffassung bestimmende und die Darstellung vom Anfang bis zu Ende fortleitende Grundgedanke des Autors. Nachdem er im Anfang dem Leser das schöne Bild der reichen und blühenden Stadt im Arnothal vor Augen geführt hat, bricht er sofort in die Wehklage aus über die Bürger, welche durch Hochmuth, Bosheit und Herrschsucht die edle Stadt zu Grunde gerichtet und die

---

[1]) Bei Murat. IX Sp. 519 am Ende bis Schluss.

Ehrenämter derselben geschändet haben. „Mögen sie die Gerechtigkeit Gottes erwarten, welche durch viele Zeichen ihnen, als den Schuldigen, das Unheil zum voraus ankündigt!"
Derselbe Gedanke kehrt wieder in einem leidenschaftlichen Ausbruch patriotischen Unwillens am Eingang des zweiten Buchs, wo die Erzählung zu der schrecklichen Katastrophe übergeht, welche der innere Parteistreit zwischen den weissen und schwarzen Guelfen unvermeidlich herbeiführte: „Erhebt euch, ihr schlechten Bürger, voll von Aergernissen, ergreift Feuer und Schwert mit euren Händen und breitet eure Schandthaten aus! Offenbart euren ungerechten Willen und eure schlechten Vorsätze, geht ohne zu zögern und legt eure schöne Stadt in Trümmer. Vergiesst das Blut eurer Brüder und beraubt euch der Liebe und Treue. Glaubt ihr," fährt der Autor fort, nachdem er an die Zeiten von Marius und Sulla erinnert hat, „glaubt ihr, dass die Gerechtigkeit Gottes geringer geworden sei? auch die der Welt vergilt eins um das andere!"

Wiederum nach der grauenvollen Verwüstung durch Brand und Plünderung, welche die schwarzen Guelfen bei ihrer Rückkehr (Anfang November 1301) unter Begünstigung des päpstlichen Friedensstifters, Carl von Valois, in der Stadt anrichteten, wendet sich Dino Compagni (II, 22) mit ähnlichen Ansprachen an die einzelnen Urheber des Verraths und der Gewaltthat, so wie auch an die vielen Muthlosen, welche in unthätiger Schwäche und schwankender Gesinnung solche Frevelthaten geschehen liessen: „Weinet über euch und eure Stadt!"

Das dritte Buch der Chronik beginnt mit den Worten: „Gott, unser Herr, welcher alle Dinge vorsieht, wollte die Welt mit einem guten Hirten trösten und sorgte für das Bedürfniss der Christen: darum wurde Papst Benedict auf den Stuhl des heiligen Petrus erhoben." Und weiter bezeugte sich, wie der Autor an einer späteren Stelle (523 D) hervorhebt, die göttliche Vorsehung, als der Herr des Himmels bei dem Papst Clemens V und seinen Cardinälen die Erkenntniss bewirkte, dass die Arme der heiligen Kirche schwach geworden seien, so dass ihre Getreuen ihr beinahe den Gehorsam versagten; „und sie gedachten, da sie keinen Arm noch Vertheidiger hatten, einen Kaiser aufzustellen der gerecht, weise und mächtig, ein Sohn der heiligen Kirche und Anhänger des Glaubens wäre."

Ein frommer Papst, als guter Hirte der Christenheit, und ein mächtiger und gerechter Kaiser sollten zum Heil der Welt die zerrüttete Ordnung in der Christenheit nach göttlicher Stiftung wieder herstellen. Es ist derselbe Gedanke, welchen der Zeitgenosse Dante an den ergreifendsten Stellen seiner göttlichen Komödie ausgesprochen hat.

Heinrich VII unternahm, nach Dino (524 C), den Zug nach Italien, um wie er geschworen die Kaiserkrone zu erlangen. „Der allmächtige Gott, der Schutz und Lenker der Fürsten, wollte, dass der Kaiser käme um niederzuwerfen und zu züchtigen die Tyrannen in der Lombardei und in Toscana, bis dass jegliche Tyrannei ausgetilgt wäre — und er ging von Ort zu Ort, Friede bringend gleichwie ein Engel Gottes, und empfing das Gelöbniss der Treue bis vor Mailand."

Nachdem der Autor den Romzug Heinrichs bis zu seiner Kaiserkrönung erzählt hat, kommt er zum Schluss noch einmal auf seine Vaterstadt Florenz zurück, nicht etwa um deren Geschichte in den letzten Jahren seit 1306 nachzubringen, sondern nur um zu zeigen, wie die Gerechtigkeit Gottes die Uebelthäter strafte. Er macht den Uebergang hierzu mit den Worten (533 C): „Wie sehr lässt die Gerechtigkeit Gottes ihre Majestät preisen, wenn sie durch neue Wunder dem geringen Volk beweist, dass Gott seine Leiden nicht vergisst. So verschafft er grossen Frieden der Seele denen, welche von den Mächtigen leiden, wenn sie sehen, dass Gott sich ihrer erinnert. Und wie wird die Rache Gottes offenbar, nachdem er lange gezögert und das Unrecht geduldet hat! Wenn er sie aufschiebt, so geschieht es nur um härter zu strafen; viele aber meinen, dass sie ihm aus dem Sinn gekommen sei."

Schon an einer früheren Stelle des dritten Buchs (523) hat Dino den Untergang des gewaltigen Ritters und Machthabers der schwarzen Guelfen, Corso Donati, berichtet, weiterhin (533) auch den Tod des Messer Rosso della Tosa, den er als den eigentlichen Urheber des Parteienkampfes und das Haupt der Schwarzen schildert. Jetzt beschliesst er seine Chronik mit der Erzählung, wie noch zwei andere Machthaber der Schwarzen, Messer Betto Brunelleschi, der sich auch als Kornwucherer bei dem Volke verhasst machte, durch die Blutrache der Donati, und Messer Pazzino de' Pazzi durch die der Cavalcanti ihr Ende fanden. Nur Geri Spini blieb noch übrig von den öfter genannten Fünfen, stand aber in grossem Argwohn vor den in die Stadt zurückgekehrten Verbannten. „Noch immer ist die Stadt voll Unruhe und die Mächtigen lassen nicht ab vom Unrecht. Todtschlag ist an der Tagesordnung; der Uebelthäter, der Freunde und Geld hat, geht frei aus. Oh, ihr ungerechten Bürger die ihr die Welt mit schlechten Sitten und falschem Gewinn verdorben habt — — der Kaiser mit seiner Macht wird euch ergreifen und berauben zu Land und auf dem Meer!"

Denselben Empfindungen patriotischen Schmerzes, dem gleichen Urtheil über die Schlechtigkeit der Machthaber in Florenz, denselben Hoffnungen bei der Ankunft des Friede stiftenden Kaisers und Erwartungen des kommenden Strafgerichtes über die Frevler und Empörer begegnet man in Dante's Komödie, so wie in seinen Sendschreiben an Heinrich VII und die Florentiner.[1])

Zweck des Autors. Der Autor selbst giebt im Vorwort als Zweck seines Schreibens an „den Nutzen derjenigen, welche Erben glücklicherer Jahre sein werden, damit sie die Wohlthaten Gottes erkennen, der durch alle Zeiten herrscht und regiert". Mit diesem allge-

---

[1]) Wen Dante, Inferno VI, 73:
  Giusti son due e non vi son intesi.
  Superbia, invidia ed avarizia sono
  Le tre faville c' hanno i cori accesi.
unter den zwei Gerechten in Florenz verstanden hat, ist nicht zu wissen, vermuthlich sich selbst als den einen.

meinen Zweck verbindet sich aber offenbar noch ein persönlicher.

Die Geschichte von Florenz um das Jahr 1300, wohinein der Ausbruch des Parteienkampfes zwischen weissen und schwarzen Guelfen und das Ende desselben durch den Sieg der Schwarzen fällt, bildet den eigentlichen Kern der Chronik. Hier versetzt uns die Erzählung mitten in den Vorgang und spannt unsere Theilnahme, indem sie uns die Entwickelung bis zur Katastrophe Schritt für Schritt vor Augen führt. Dino Compagni, als Mitglied der Signorie im Moment der Entscheidung, tritt in Person mithandelnd auf, zeigt uns die Vorbereitungen und Umtriebe der Schwarzen, lässt uns Theil nehmen an den Berathungen der Prioren und Bürger, wie an den Verhandlungen mit dem verrätherischen Friedensstifter, Carl von Valois, giebt die Stimmung der Prioren zu erkennen, welche zwar als neutral und über den Parteien stehend scheinen wollen, aber doch mit sehr erklärlicher Hinneigung die friedliebenden Cerchi begünstigen und im Grunde nur gern gesehen hätten, dass sie die Waffen für sich und die Commune ergriffen: allein die Weissen wollen aus Feigheit keine Andeutung der Prioren verstehen und verstecken sich hinter den Schirm der Gesetzlichkeit, während die Gegner Gesetze und Eidschwüre für Rauch achten, durch Friedensversicherungen auch die Signorie einschläfern, endlich im günstigen Moment die Maske abwerfen und losschlagen, um sich der Stadt mit Gewalt zu bemächtigen. Man sieht deutlich die Absicht des Autors durch, sich selbst und die Signorie, der er angehörte, zu rechtfertigen, indem er diese zwar nicht von Kurzsichtigkeit freispricht, aber doch die meiste Schuld auf die Unthätigkeit der executiven Behörden, auf die Lauheit und den Ungehorsam der Bürger, auf die Feigheit der Weissen wirft.

Und indem Dino Compagni so den ganzen Verlauf dieses inneren Parteienkampfes von Anfang an bis zu dem letzten verderblichen Ausgang schildert, verstehen wir auch vollkommen, wie er selbst zu seiner scharf ausgesprochenen politischen Parteistellung gegenüber den schwarzen Guelfen gelangt ist. Ebenso wie Dante, der in gleicher Weise zwischen den Parteien stand und über ihnen stehen wollte, machte ihn sein patriotischer Zorn und Hass gegen die Uebelthäter zu einem Weissen und Gibellinen.[1]) Und wenn er auch nicht wie der Dichter der göttlichen Komödie von seiner undankbaren Vaterstadt für immer verbannt wurde, so theilte er doch zu derselben Zeit mit ihm das schmerzliche Geschick durch Ausschliessung von den Aemtern der Republik seine öffentliche Laufbahn beendigt zu sehen.

Nur aus der bitteren persönlichen Erfahrung des Selbsterlebten kann eine historische Erzählung von dieser inneren Wahrheit erwachsen sein. Nur ein Augenzeuge und Mithandelnder konnte mit solchem leidenschaftlichen Antheil, solcher anschaulichen Lebendigkeit und Energie des Ausdrucks die Geschichte seiner Zeit dem Gedächtniss der Nachwelt einprägen.

Die Chronik Dino Compagni's sagt der neueste Geschichtsschreiber von Florenz, beruht auf einer Reihe von Eindrücken, deren Deutlichkeit, Lebendigkeit und Kraft ihre Wahrheit beweisen.[2])

Chronik III, 515.

Von den nicht wenigen Beispielen, welche die Richtigkeit dieser Bemerkung darthun, will ich nur ein einzelnes anführen. Dino erzählt im dritten Buch das Unternehmen der vertriebenen Weissen und Gibellinen, mit bewaffneter Hand in die Stadt zurückzukehren, Juli 1304; plötzlich erschienen sie mit ihren Freunden aus Toscana und der Romagna in der Nähe von Florenz bei Lastra. „Das Geschrei war gross in der Stadt. Die Schwarzen fürchteten sehr ihre Gegner und fingen an ängstliche Reden zu führen. Und viele versteckten sich in den Klöstern und legten Mönchsgewand an, aus Furcht vor den Feinden, da sie keine andere Zuflucht hatten und nicht vorbereitet waren."

---

[1]) Ohne Verständniss, ebenso wie man Dante Gesinnungs- und Parteiwechsel vorgeworfen hat, beurtheilt Manni im Vorwort seiner Ausgabe der Chronik den Dino Compagni: essendo ghibellino marcio per genio e *fingendosi* guelfo. Dino war nicht von Haus aus Gibellin, sondern Guelfe und er hat sich nicht als solcher verstellt, sondern seine gibellinische Gesinnung, wenigstens in der Chronik, sehr unverhüllt kund gegeben.
[2]) Gino Capponi, Storia II, 571.

Die Freunde der Verbannten in der Stadt setzen sich während der Nacht mit den draussen Stehenden in Verbindung, um sie zum Angriff anzutreiben. Dieser wird übereilt unternommen, bevor noch die von verschiedenen Seiten her erwarteten Genossen eingetroffen sind; am folgenden Tage, einem heissen Julitage, dringen die Auswärtigen in die Vorstadt, zum Theil auch in die Stadt selbst ein, finden aber nicht die erwartete Hülfe von innen und halten sich für verrathen; andere Missverständnisse kommen hinzu, um den Erfolg im letzten Moment scheitern zu machen, so dass das ganze Unternehmen nur zum grösseren Verderben der verbannten Partei ausschlägt. „Und man sah an diesem Tage, als die Weissen vor der Stadt ankamen", so schliesst unser Chronist seine Erzählung, „dass viele Bürger Sprache, Aussehen und Benehmen veränderten; eben die, welche vorher mit Hochmuth von den Verbannten zu reden pflegten, liessen sich nun auf den Plätzen und an anderen Orten hören: dass es sich wohl gebühre, dass jene in ihre Häuser zurückkehrten. — — Nachdem aber die Weissen abgezogen waren, begannen sie wieder die früheren ungerechten hitzigen und lügnerischen Worte zu gebrauchen".

Auch Paolino Pieri und Villani waren Augenzeugen dieses Ereignisses und berichten dieselben Vorgänge in der Hauptsache übereinstimmend mit Dino; aber wie verschieden sind doch bei ihnen Auffassung und Darstellung! Paolino Pieri (p. 79) giebt am genauesten die Daten wie in einem trocknen Zeitungsbericht, Villani (VIII, 71. 72) ist wie immer übersichtlich und klar; aber nur Dino versetzt den Leser mitten in die Handlung, stellt die einzelnen Vorfälle bei dem Tumult im Inneren, dem Kampfe von aussen in helles Licht, schildert aufs trefflichste die Stimmung des Moments.

Man wird zugeben, dass eine Erzählung wie diese, wenn irgend eine, das Gepräge der Originalität an sich trägt, dass sie so nicht erfunden sein kann oder aus der Benutzung anderer Quellen zu erklären ist.

Also der Plan und die religiös sittliche Idee des Werks im ganzen, der persönliche Zweck und die politische Auffassung des

Autors, die Energie seiner Empfindungen und die Kraft seines Ausdrucks, die Lebendigkeit seiner Erzählung, kurz die unnachahmbare Originalität der Ausführung: — alles dies bestätigt immer wieder den Eindruck der inneren Wahrheit, welchen der unbefangene Leser zuerst aus der Chronik Dino's empfängt, und schlägt den Zweifel an ihrer Echtheit nieder. Als ein Werk der Fälschung aus Quellenbenutzung und eigener Erfindung bleibt sie ein unlösbares Räthsel.

Die Sprache der Chronik. 6. Ich komme zuletzt zu dem Beweis aus der Sprache der Chronik, durch welchen Pietro Fanfani sich selbst und manche seiner Landsleute von ihrer Unechtheit überzeugt hat. Der Stil, sagt dieser italienische Sprachforscher, ist in den Werken der Kunst und des Geistes der sicherste Beweis ihrer Echtheit. Unmöglich kann ein Künstler oder Schriftsteller, wie weit er auch an Geist und Phantasie über andere hervorrage, seiner Zeit im Stil vorausgehen. Kein wirklich Sachverständiger wird sich hierüber täuschen lassen und etwa ein Gemälde oder ein Werk der Bildnerei aus dem 16. Jahrhundert in das 14. versetzen.[1])

Mit diesen Worten ist von vornherein eine scharfe Verurtheilung derjenigen ausgesprochen, welche bisher vorzugsweise als Sachverständige in Sachen der italienischen Sprache und Literatur angesehen wurden und doch an der Echtheit der Chronik Dino's nicht gezweifelt haben. Allein auf die sprachkundigen Autoritäten älterer und neuerer Zeit, besonders auf die der Akademie della Crusca, ist nach Fanfani nicht viel zu geben. Haben sie doch eine ganze Reihe von gefälschten literarischen Machwerken lange Zeit für echte Erzeugnisse des Trecento angesehen und gepriesen! Ja ihm selbst, Fanfani, ist es gelungen, durch seine italienische Uebersetzung des Iter Italicum von Nicolaus von Butrinto, welche er für die Arbeit des Notars Sir Bona-

---

[1]) Dino Compagni vendicato im Vorwort XVI und in wörtlicher Wiederholung p. 51.

cosa von Pistoja um 1320 verfasst ausgab, einen Bonaini, einen Tommaseo und einen Guasti grausam hinters Licht zu führen![1]) Fanfani also versteht sich auf die Sache — e chi non se ne intende, dee stare a quel che dice, chi se n' intende.[2]) Wenn dies zu den Italienern gesagt ist, wie viel mehr muss es für uns Deutsche gelten, die wir nur unwissende Laien auf dem italienischen Sprachgebiet sind. Allein man darf es uns wenigstens nicht übel nehmen, wenn wir keinen allzu hohen Respect vor der italienischen Sprachwissenschaft haben, die nach solchen Proben und Erfahrungen zu urtheilen immer noch gleichsam in den Windeln zu liegen scheint. Für uns stehen italienische Autoritäten anderen gegenüber. Sollen wir nun unbedingt Fanfani's Autorität Glauben beimessen, wenn er eine Reihe von Ausdrücken und Wendungen, Hauptwörter, Zeitwörter, Partikeln, syntaktische Verbindungen, als nicht dem Trecento zukommend bezeichnet?[3]) Auch für einen italienischen Sprachkundigen dürfte es schwer sein, alle seine Behauptungen im einzelnen entweder zu bestätigen oder zu widerlegen! Und wenn es ihm gelänge, aus dem ganzen reichen Sprachschatz des Trecento dennoch das eine oder andere Beispiel des Gegentheils aufzubringen, so könnte der kühne Kritiker sich immer wieder darauf berufen, er habe ja keineswegs geläugnet, dass der Fälscher auch seinen Dante und seinen Boccaccio fleissig studirt habe.[4])

Ein deutscher Historiker also darf sich auf dieses, wie es scheint, noch ziemlich unsichere und schlüpfrige Gebiet italienischer Sprachforschung gar nicht einlassen. Mögen also die Italiener darüber entscheiden, ob G. Grion Recht hat, wenn er behauptet, es sei zur Zeit des Dino Compagni noch nicht *il* podestà, sondern nur *la* podestà, wie Giovanni Villani sagt, geschrieben worden — ich finde doch il podestà nicht bloss im Decamerone von Boccaccio[5]), sondern sogar schon in der italienischen Bear-

---
[1]) Dino vendicato p. 165—182.
[2]) ib. p. 287.
[3]) S. die Zeitschrift il Borghini und Dino vendicato p. 88—144.
[4]) Dino vendicato, ai lettori p. XXIV und p. 142.
[5]) Giornata IV Nov. 6.

beitung des Tresor von Brunetto Latini, welche früher, als Dino seine Chronik schrieb, von Bono Giamboni verfasst ist;[1]) mögen sie darüber entscheiden, ob P. Fanfani Recht hat, wenn er behauptet, dass das Wort armata einmal im falschen, d. i. modernen Sinne, für Heer, statt oste oder esercito, gebraucht sei, wiewohl er zugeben muss, dass es allerdings sonst auch schon im Sinne von Bewaffnung oder bewaffneter Aufstand vorkommt;[2]) ob er Recht hat, wenn er behauptet, dass assassinare, gentiluomini, maestri, acciò, cioè und anderes ungehörig gebraucht sei? Ueber alles dies masse ich mir kein Urtheil an; nur auf einen nicht unwichtigen Umstand will ich aufmerksam machen durch die Frage: Ist denn der Boden, auf welchem diese sprachliche Kritik operirt, vollkommen sicher? Ist der Text der gedruckten Ausgaben, die beste von Del Lungo mit inbegriffen, über jeden Zweifel erhaben? Eine kurze, nur an wenigen Stellen ausgeführte Vergleichung mit der Florentiner Handschrift, welche als die älteste und die Quelle aller übrigen gilt, hat doch schon so viel ergeben, dass dies keineswegs der Fall ist:[3]) nicht bloss ist in sämmtlichen Ausgaben die eigenthümliche ältere florentinische Rechtschreibung der Handschrift völlig verwischt, sondern

[1]) Ausg. Vinegia 1533, Libro IX c. 4: Secondo che debono elegiere el podestade, c. 30 Quest è il generale insegnamento *delli* podestà. Fanfani hat dies sprachliche Bedenken Grion's ebenso wenig wie das andere bezüglich des Gebrauchs des Pronomen lui für egli wiederholt, also wie es scheint nicht anerkannt. Ueber das lui für egli und andere dergleichen Eigenheiten des 14. Jahrhunderts s. die Bemerkungen der Herausgeber der Storia della guerra di Semifonte Fir. 1753 im Vorwort p. XIII.

[2]) Fanfani p. 136 mit Bezug auf die von Del Lungo nachgewiesene Stelle in den Statuten von 1355: che al tempo d' esso romore o vero *armata*. Ich finde doch, dass gerade diese Bedeutung sehr gut auf die fragliche Stelle bei Dino (II, 32) passt, denn unmittelbar vorher heisst es, dass die Weissen zu den Waffen griffen: I Bianchi — virilmente s' armarono — il marchese disfece l' armata. Im gewöhnlichen Sinne von Heer gebraucht auch Dino sonst das Wort oste.

[3]) Alles was ich über die Handschrift im Folgenden mittheile, verdanke ich einem verehrten Freunde in Florenz, der mir auf meine Fragen gefällige und zuverlässige Auskunft gab.

auch der Text nicht immer richtig behandelt worden. Und wenn ich nicht irre, so sind einige der schärfsten Angriffe Fanfani's auf die Echtheit der Chronik lediglich durch die Herausgeber und Ausleger derselben verschuldet worden.

In dem schon mehrfach besprochenen Capitel des ersten Chronik I, 11. Buchs, wo Dino von den Ordnungen der Gerechtigkeit redet und dabei angiebt, dass durch dieselben die Familien der Granden von den Aemtern der Signorie ausgeschlossen wurden,[1]) führt der Text fort: e furono in tutto le dette famiglie. Man erwartet hier die Zahl der Geschlechter, welche offenbar nur ausgefallen ist, zu lesen. Muratori hat sie aus einer Hs. des Hauses Compagni (die jetzt nicht mehr vorhanden ist) mit trenta tre ergänzt,[2]) und die späteren Herausgeber sind ihm darin gefolgt: erst Del Lungo hat die Worte trenta tre, weil er sie nicht in den von ihm verglichenen Hss. fand, wieder gestrichen und den oben stehenden Satz durch künstliche Interpunction: e furono in tutto, le dette, famiglie so interpretirt: und es wurden die genannten Familien in jeder Hinsicht (a tutti gli effetti) als Grandenfamilien angesehen. Mit gutem Grund verwirft Fanfani diese höchst gezwungene Erklärung;[3]) aber was er dagegen sagt, dass famiglie für sich allein nicht Grandengeschlechter (case di grandi) bedeuten könne, trifft doch nicht den Text, sondern lediglich die Auslegung.

Noch bemerkenswerther ist ein anderes Missverständniss. Im Chronik II, 36. letzten Capitel des 2. Buchs redet der Chronist von dem zweideutigen Verhalten der Bürger von Siena, welche den Weissen und Gibellinen von Florenz mit Pisanischen Söldnern den Durchzug durch ihr Gebiet nach Arezzo hin (cavalcarono ad Arezzo con soldati pisani) gestatteten, auf der anderen Seite aber wieder den Schwarzen bei ihren Auszügen (cavalcate) Hülfe gewährten: perchè i cittadini di Siena *marciavano* bene con ambo le parti, weil die Bürger von Siena es gut mit beiden Parteien hielten:

---

[1]) S. oben S. 38.
[2]) T. IX 474 E.
[3]) Dino vend. p. 90.

— so lesen sämmtliche Ausgaben und so ist der Sinn nach dem Zusammenhang allein zu verstehen. Das Wort marciavano, im figürlichen Sinne gebraucht, ist im Italienischen nicht minder auffallend und burlesk, wie wenn wir im Deutschen sagen wollten: die von Siena marschirten gut mit beiden Parteien. Es kommt hinzu, dass das Fremdwort marciare aus dem Französischen erst im 16. Jahrhundert in das Italienische übergegangen ist. Ja selbst das französische marcher hatte, wie Fanfani sich durch französische Sprachkenner belehren liess und das Dictionnär von Littré nachweist, bis ins 15. Jahrhundert noch nicht die intransitive Bedeutung von marschiren, sondern nur die transitive: mit den Füssen zertreten.[1]) Bezüglich des italienischen marciare bemerkt Benedetto Varchi ausdrücklich, dort wo er es in seiner um die Mitte des 16. Jahrhunderts geschriebenen florentinischen Geschichte zum ersten mal gebraucht, es sei dies ein neuer militärischer Ausdruck.[2]) Im figürlichen Sinne, wie es im Text unserer Chronik steht: mit den Parteien gehen, könnte dasselbe erst noch später, als es bereits ein völlig eingebürgertes und geläufiges Wort war, angewendet sein.

Fanfani legt darum mit Recht grosses Gewicht auf das marciavano bei Dino. „Dieses einzige marciare, sagt er, könne für alle leidenschaftslosen Kritiker mehr als genügen, um sie zu vergewissern, dass die Chronik nicht in den ersten Jahren des 14. Jahrhunderts geschrieben ist.[3]) Vielleicht reicht dieser Beweis sogar weiter als Fanfani selbst will. Denn wie steht es nun mit der Jahreszahl 1514 der ältesten Florentiner Handschrift? Gewiss hat damals noch kein Italiener das verhängnissvolle Wort geschrieben! Weder Machiavelli in seiner arte della guerra,

---

[1]) Dino vendicato p. 298.
[2]) Storia Fiorent. Ausg. Col. 1721 p. 24 (per cura di L. Arbib, Fir. 1843, I p. 114): Nè si deve dubitare che se Borbone non fosse intorno a Piacenza per espugnarla badato — ma fosse *(per usare questo nuovo verbo militare) marciato* innanzi sc. Diese Stelle ist im Vocabolario della Crusca citirt.
[3]) Dino vendicato am Schluss, gleichsam als der zuletzt gegen die Dinisti geführte, sie vollends durchbohrende Stoss, p. 300.

noch Guicciardini in seiner Beschreibung der italienischen Kriege haben es, so viel ich finden kann, gebraucht. Also wird auch jene Handschrift und die Fälschung der Chronik erst in eine geraume spätere Zeit gesetzt werden müssen![1])

Doch sehen wir endlich, nicht den Text der Ausgaben, sondern der Handschrift. Diese hat deutlich und unzweifelhaft: i cittadini di Siena *marcarano* bene con ambo le parti. Diese Variante wenigstens hätte sehr verdient in der Ausgabe von Del Lungo bemerkt zu werden; denn sie ist, wenn ich nicht sehr irre, die einzig richtige Lesung.

Das italienische Wort marcare hat ebenso wie das provenzalische die doppelte Bedeutung von bezeichnen und von angrenzen. In der letzteren, als confinare, leitet es das Vocabolario della Crusca von marca für paese ab, und citirt dazu die Stelle des Tesoro von Brunetto Latini nach der Uebertragung von Bono Giamboni aus dem Ende des 13. Jahrhunderts: E sappiate che' l primo vescovo di Toscana è quello di Luna, che *marca con li* Genovesi.[2]) Das Wort in dieser Bedeutung passt, wie mir scheint, vortrefflich zu dem Sinne der in Rede seienden Stelle unserer Chronik: Die von Siena grenzten gut an beide Parteien, nämlich die Weissen von Pisa und Arezzo und die Schwarzen von Florenz, d. h. im figürlichen Sinn, sie waren gute Nachbarn von beiden, die es mit keiner ganz verderben wollten, wie im Folgenden weiter ausgeführt ist. Und auch nur so findet das Beiwort bene seine richtige Anwendung, während es bei marciavano überflüssig und unpassend stände.

---

[1]) Scheffer-Boichorst zieht diese Schlussfolgerung um seine schon früher ausgesprochene Vermuthung über die Zeit der Fälschung zu bestätigen. Jenaer Lit. Zeitung a. a. O. S. 147 Anm. XX.

[2]) Ausg. Venezia 1533 libro III c. 3 fol. 61 a. Eine Reihe von Stellen aus provenzalischen Dichtern und altfranzösichen Chroniken, wo das Wort marcar und marchir in der gleichen Bedeutung von confiner vorkommt, findet man bei Raynouard, Lexique Roman, Paris 1844 T. IV. z. B. schon aus Bertrand de Borne: Las terras del rei de Fransa que *marcavon* ab las terras d' En Richart, und noch aus Monstrelet: Les Liégois marchissans à icelle seigneurie de Namur.

Dieses eine Beispiel kann genügen, um zu beweisen, wie nothwendig vor allem die kritische Herstellung des Textes der Chronik ist, damit die Kritik über die Echtheit nicht fehl gehe. Das Wort marciavano, welches nach Fanfani mehr als jedes andere die Fälschung der Chronik beweisen sollte, dient, als marcavano gelesen, vielmehr dazu, ihre Echtheit wenigstens an dieser Stelle zu bewähren, denn es ist ein alt provenzalisches und altitalienisches Wort, welches in diesem Sinne später nicht mehr von den Italienern gebraucht wurde. Weder die Copisten, noch die Herausgeber der Chronik haben es verstanden![1])

Doch ich bin weit entfernt, bis auf weitere Entscheidung durch sprachkundige Autoritäten, gegen Fanfani in Abrede nehmen zu wollen, dass in der Chronik auch sprachliche Anachronismen vorkommen, nachdem ich bereits selbst einige bemerkenswerthe sachliche anerkannt habe. Die Unechtheit der Chronik wäre in so weit bewiesen, aber auch die Fälschung als spätere Erfindung und Abfassung?

III.

Die Chronik eine Fälschung?

Die Chronik des Dino Compagni soll nach G. Grion ein Machwerk des Vielschreibers Antonfrancesco Doni sein; sogar den Ort und die Zeit der Abfassung weiss dieser dreiste Kritiker anzugeben: es war im Jahre 1555 auf dem Berge bei Ancona, wo jener liederliche Literat sich bei den Mönchen in der Reinigung befand.[2])

---

[1]) Ich bin auf den Einwand gefasst, dass in der Hs. auch scaccati und fecono für scacciati und ficiono vorkommen, und dass daher wohl auch marcavano fehlerhaft für marciavano geschrieben sein könne. Allein ehe man die Lesung der Hs. ändert, muss man beweisen, dass sie falsch und die geänderte richtig sei. Ich glaube aber das Gegentheil gezeigt zu haben: marciavano ist nicht bloss bei Dino, sondern auch in einer Hs. vom Anfang des 16. Jahrh. unmöglich.

[2]) La cronaca di Dino, opera di A. F. Doni p. 39.

Scheffer-Boichorst ist auf Grund der von ihm beigebrachten Beweise zwar von der Fälschung vollkommen überzeugt, gesteht jedoch über die Person des Fälschers durchaus im Unklaren zu sein und giebt daher seine kühnen Vermuthungen in betreff der Zeit und des Zwecks bereitwillig preis. Der Zweck, meint er, könnte ein literarischer und patriotischer gewesen sein, um wie dem Virgil den Dante, dem Livius den Villani, so auch dem Sallust ein italienisches Ebenbild an die Seite zu stellen! ein solcher Gedanke konnte etwa in der Zeit des Wiederauflebens des Trecento, der Begeisterung für den Dichter der göttlichen Komödie in der ersten Hälfte des 17. Jahrhunderts, eben damals als plötzlich die Chronik Dino's 1640 auftauchte, entstehen.[1]

Die Jahreszahl in der Florentiner Handschrift 1514 hielt Scheffer-Boichorst nur geringer Beachtung werth. Mit Recht konnte er sagen, die Handschrift bedürfe nach einer genaueren Prüfung der Schriftzüge, um ihr Alter zu bestimmen. Erst nachträglich hat Fanfani die Inschrift aus derselben mitgetheilt, worin sich Stradino als deren Besitzer nennt.[2] Also auf die Zeit Stradino's, der im Jahre 1562 starb, die erste Hälfte oder Mitte des 16. Jahrhunderts ist jedenfalls zurückzugehen. Diesen selbst wollen Fanfani und Gargani für den Fälscher halten. Warum nicht lieber den Busini, der ihm den Codex schenkte? bloss des Spottnamens wegen, cronaca scorretta, den Stradino neben anderen lächerlichen Bezeichnungen geführt haben soll? Dieser habe, so ist die Meinung, den werthvollen Schatz, sein eignes gefälschtes Machwerk, ohne Zweifel dem literarischen Kreise, dem er ange-

---

[1] Florentinische Studien S. 206 f.

[2] Die Zeilen von der Hand Stradino's stehen auf einem eingeklebten Pergamentzettel bei dem ersten Blatt des Codex und lauten nach Fanfani, Dino p. 152: Questo libro eddime Giovanni di domeo (di Domenico) Mazzuoli decto lo Stradino, donommelo Noferi Corsini della vita di Dante, quella del Petrarcha, la storia di Dino Chompagni e quella di Domeno Boninsegni. Unrichtig, wohl nur durch Druckfehler, ist der Name Corsini, denn es ist statt dessen Busini zu lesen, wie auch Fanfani weiterhin den Geber des Codex nennt. Die letzten Worte geben den Inhalt des Codex an, wovon ich weiter unten noch etwas sagen will.

hörte, vorgelegt: allein die Akademiker jener Tage, mit feineren kritischen Nasen begabt als die heutigen, hätten den Betrug sofort ausgespürt. Stradino trug seinen Spottnamen davon und die Chronik wurde einfach todt geschwiegen.

Ich weiss nicht, ob diese günstige Meinung von dem Stande der literarischen Kritik in den Zeiten des Machiavelli und Guicciardini sich irgendwie rechtfertigen lässt; aber so viel ist gewiss, dass wenn, sei es Stradino, sei es Busini, die Chronik Dino's erfand und schrieb, dieser ein wunderbarer Mann und ein grösserer Geschichtskundiger, als jene beiden grossen Geschichtschreiber, gewesen sein müsste. In Machiavelli's florentinischer Geschichte braucht man nicht weit nach den Quellen zu suchen: Villani, so weit er reicht, liegt ihr zu Grunde; der gewesene Staatssecretär hat sich nicht die Mühe gegeben, für seine kurze politische Ueberschau der älteren florentinischen Geschichte nach weiteren Quellen zu forschen. Der Fälscher des Dino aber musste nicht bloss eine Reihe von florentinischen Chroniken, den Villani, Paolino Pieri, Simone della Tosa, Marchionne Stefani, sondern auch die Urkunden des Staatsarchivs gekannt und benutzt haben, dazu für die Papst- und Reichsgeschichte den Bernardus Guidonis den Albertinus Mussatus, den Nicolaus von Butrinto, und noch eine ganze Anzahl von Localchroniken von Pistoja, Arezzo, Mailand, Ferrara u. s. w.[1]) Und alle solche Mühe des Sammelns und Forschens hätte er aufgewendet, um eben diesen Quellen nur hier und da zu folgen, öfter aber aus Widerspruchs- oder Lügengeist zu widersprechen.[2]) Beides, sowohl das Zusammenbringen eines derartigen weitschichtigen Quellen-Materials, um dessen Herbeischaffung und Herausgabe erst die letzten Jahrhunderte bemüht waren, als auch diese höchst wunderliche Art der Benutzung erscheint gleich undenkbar.

Eben so wenig ist es zu fassen, dass irgend ein Späterer im Stande gewesen wäre, die Idee und den Plan der Chronik zu erfinden und bei der Ausführung durch mühsame Quellenforschung

---

[1]) S. oben.
[2]) S. Scheffer-Boichorst S. 156 f.

und eindringende Anschauung sich in den Geist einer längst vergangenen Epoche zu versetzen, um aus diesem heraus Ereignisse und Charaktere, Gesinnungen und Leidenschaften wie selbsterlebte zu schildern. Der Fälscher, der in später Zeit ein solches Werk hervorgebracht hätte, würde die grossen florentinischen Geschichtschreiber des 16. Jahrhunderts nicht bloss in historischer Kenntniss, sondern auch in historischer Kunst übertroffen haben!

Und welches endlich wäre der Zweck seines Unternehmens gewesen? eine blosse literarische Stilübung, ein gelehrter Betrug, um die Kenner zu täuschen, oder, edler gedacht, ein Product der Begeisterung für Dante und das Trecento, der patriotischen Bestrebung, die italienische Literatur mit einem Nachbilde des Sallust zu bereichern, nicht ohne zugleich einen versteckten Seitenblick auf die gegenwärtige Tyrannei der Mediceer zu werfen?[1]) Also ein Fälscher des 16. Jahrhunderts hätte die religiös sittliche Idee, wie sich die Gerechtigkeit Gottes in der Geschichte durch Bestrafung der Uebelthäter beweise, als Thema seiner literarischen Abfassung vorangestellt? und er hätte zur Exemplification derselben einen Stoff nicht aus der ereignissvollen Gegenwart, sondern aus der längst vergangenen Zeit gewählt, um ein düsteres und abschreckendes Gemälde von den Zuständen der alten Republik zu entwerfen? ein Gegner der Medici? — doch wohl besser ein Freund! — und er hätte den völlig unbekannten Dino Compagni aus den alten Registern der Prioren hervorgeholt, um ihn zur Hauptperson seines politischen Dramas zu machen, hätte sich seiner Maske bedient, um mit unvergleichlicher Kunst ihm das Verdienst eines grossen Geschichtschreibers zuzuwenden? er hätte, begeistert für das Trecento, in einer Zeitgeschichte des Dante, dieses grössten Dichters des Jahrhunderts, nur ein einziges mal unter den Verbannten des Jahres 1302 mit dem blossen Namen und dem kahlen Zusatz: „der zur Zeit Gesandter in Rom war" gedacht? —

---

[1]) Scheffer-Boichorst S. 206. 208.

Von welcher Seite wir sie auch betrachten, erscheint die Hypothese der Fälschung der Chronik, als eines im 16. Jahrhundert, wenn auch mit Benutzung der Quellen verfassten, doch in der Hauptsache erdichteten Werkes, als unhaltbar: sie muss meines Erachtens aufgegeben und der Name des Geschichtschreibers Dino Compagni wieder in seine Ehre eingesetzt werden.

Beweise der Unechtheit. Doch sind auf der anderen Seite die Beweise der Unechtheit der Chronik, so wie sie uns in den Handschriften und Drucken vorliegt, nicht minder unläugbar. Um sich mit ihnen abzufinden, genügt nicht die allgemeine Abwehr, welche sagt: Manche Irrthümer kommen auf den Unverstand der Copisten; andere auf die persönlichen Eigenschaften des Autors, welcher lebhafte Einbildungskraft, heftige Leidenschaften bei wenig Klarheit und Schärfe der Auffassung besass.[1]

Denn es bleibt noch vieles zurück, was sich nicht auf solche Weise erklären oder wegdeuten lässt. Wir haben bei der Nachprüfung der gegen die Chronik geübten Kritik, ausser blossen chronologischen und anderen verzeihlichen Irrthümern, Verstösse gegen die historische Wahrheit gesehen, welche bei dem Zeitgenossen und Augenzeugen Dino Compagni undenkbar sind; wir haben die Erwähnung wichtiger Ereignisse vermisst, welche in den Zusammenhang der Erzählung gehörten und bei welchen der Autor selbst in der Regierung der Republik betheiligt war; wir haben einzelne widersprechende Angaben gefunden, die unmöglich von ihm herrühren können; ferner offenbare Anachronismen in Sachen, von denen Dino noch nichts wissen konnte, so wie Entlehnungen einzelner Sätze aus Villani, der später als Dino schrieb; endlich wollen wir auch dem sprachkundigen Fanfani glauben, dass einzelne sprachliche Anachronismen mit nicht weniger Sicherheit als wie die sachlichen bewiesen sind.

Durch alles dies ist unzweifelhaft, zwar nicht die Fälschung in dem vorhin bezeichneten Sinne, wohl aber die Unechtheit der Chronik dargethan. Das ursprüngliche Werk des Dino Com-

---

[1] S. oben S. 14.

pagni, welches noch im Plan und Zweck der Chronik, und ebenso auch in der Composition und Ausführung des Ganzen zu erkennen ist, muss eine durchgreifende spätere Bearbeitung erfahren haben. Vermuthlich blieb dasselbe unvollendet, noch ungeordnet und fragmentarisch in den Theilen, wenn auch fertig in der Hauptsache wie im äusseren Umriss. Man kann sich wohl denken, dass der Unmuth über das gewaltthätige Parteiregiment der schwarzen Guelfen, welchen der Autor im Verlauf seiner Erzählung bis zum Ende hin mit immer stärkeren Ausdrücken kund giebt, noch bis zum höchsten Punkt gesteigert wurde, als das Strafgericht des Kaisers, das er erwartete und zum Schluss ankündigte, in Wirklichkeit nicht erfolgte, sondern im Gegentheil der Feldzug Heinrichs VII gegen Florenz im Herbst 1312 missglückte und dessen Feinde triumphirten. Bei einem Fälscher späterer Zeit wäre dieser Schluss der Chronik völlig unbegreiflich, bei Dino ist es erklärlich, dass er nicht wieder zu seinem Werke zurückkehren mochte, nachdem die Ereignisse darüber hinweggegangen waren. Er hätte nicht bloss den Schluss ändern müssen; auch die Grundidee von der strafenden Gerechtigkeit Gottes, welche gleichsam das Hauptthema seiner Chronik bildet, war stark erschüttert worden, nachdem er die leidige Erfahrung gemacht hatte, dass vielmehr die Ungerechten den Sieg behielten.

Nehmen wir an, dass die Chronik Dino's, wie er sie hinterliess, noch nicht in allen Theilen gleichmässig ausgearbeitet, geordnet und in Zusammenhang gebracht war, so fand sich ein Späterer aufgefordert, indem er das Ganze umschrieb, den Zusammenhang herzustellen und die vorhandenen Lücken, so gut er konnte, durch Ergänzungen auszufüllen, oder auch kurzweg durch ein paar Verbindungsworte zuzudecken. So lässt sich z. B. jener kühne Uebergang von dem Krieg gegen Arezzo nach der Schlacht bei Campaldino 1289 zu der Schilderung der inneren Zustände, erklären, wobei sich der Bearbeiter mit ein paar Worten von Villani half[1]) und so haben auch die wenigen an-

Die Bearbeitung.

---

[1]) S. oben S. 53.

deren Entlehnungen einzelner Sätze aus Villani und Paolino Pieri nur als Lückenbüsser zur Ergänzung gedient. An mehreren Stellen ist der Text dennoch lückenhaft und unverständlich, möglicher Weise nur durch die Schuld der Abschreiber geblieben.[1]) Manches hat der Bearbeiter von seinem eigenen hinzugethan: wie den übel angebrachten „giovane" bei Guido Cavalcanti, die verdächtigen in kurzen Relativsätzen mit il quale oder che eingefügten Erläuterungen, in denen wir grade einige der auffallendsten Unrichtigkeiten und Anachronismen erkannten,[2]) die sich aber auch leicht als ungehörige Zuthaten kenntlich machen. Ich vermuthe, dass auch die Beschreibung von Florenz im Anfang der Chronik, wenn nicht ganz hinzugefügt, doch zum Theil ergänzt ist. Einige Sätze stimmen auffallend überein mit der Descriptio anno 1339 exarata.[3]) Man vergleiche: con cittadini pro' d'armi, superbi e discordevoli, o ricca di proibiti guadagni mit: Viri civitatis et comitatus sunt homines communis staturae, audaces, bellicosi, industriosi — minimum sunt ad quaerendam pecuniam solliciti et attenti; ferner den Satz: la detta città di Firenze è molto bene popolata e generativa per la buona aria mit: Aer in illa ex sui aequa temperie sanissimus et generativus ad mirum. Ungenau und zum Theil wohl falsch gelesen sind die nach Meilenzahl angegebenen Entfernungen der Nachbarorte von Florenz. Unter diesen findet sich auch das Castell Monte Accenico auf dem Wege nach Bologna genannt, von welchem Dino II, 30 angiebt, dass es von dem Cardinal Ubaldini

---

[1]) So z. B. I, 11 am Ende: e furono in tutto le dette famiglie s. oben S. 97; II, 3 wo die Rede der florentinischen Gesandten mitten im Satz: perchè la nostra città si re . . . abbricht; II, 36 am Ende: furono cavalli e fanti a piè numero .. wo ebenfalls die Zahlen ausgefallen sind. III (Murat.) 524 B: Il re di Francia — — tenendo il Papa quasi per forza, opponendo e disertando i giudici (giudei?) . per torre la loro moneta etc.

[2]) Settanta due mestieri d'arti, i quali aveano tutti consoli, s. oben S. 41, che oggi si chiamano Cerretani, s. S. 59, la campana grossa — la quale era sul loro palagio, S. 62, nè de loro collegi S. 63.

[3]) S. über diese oben S. 63.

erbaut worden und mit dreifachen Mauern umgeben gewesen sei. Nach Villani VIII, 86 wurde dieses Castell der Ubaldini im Jahre 1306 durch die Florentiner von Grund aus zerstört, so dass kein Stein auf dem andern blieb, und um die Wiederherstellung zu verhindern, erbauten sie ein anderes Castell bei Scarperia, welches den Namen S. Barnaba erhielt. Später ist von Monte Accenico nicht mehr die Rede. Ein Späterer, als Dino würde dieses längst verschollene Castell schwerlich noch als einen wichtigen Ort aufgeführt haben. Vielleicht fand der Bearbeiter eine fragmentarische Aufzeichnung über Florenz und die Nachbarorte im Eingang von Dino's Chronik vor und ergänzte die Beschreibung im übrigen.

Die unvollendete Gestalt des ursprünglichen Werkes zeigt sich am deutlichsten im 3. Buch der Chronik, welches hauptsächlich italienische und Reichsgeschichte enthält. Auch die Bewunderer Dino's anerkennen, dass das letzte Buch in Bezug auf historische Composition und Darstellung hinter den beiden anderen beträchtlich zurückstehe, und nehmen an, dass Dino bei diesem nicht mehr die letzte Hand angelegt habe.[1] *Das dritte Buch.*

In der Zeitfolge der erzählten Ereignisse herrscht grosse Unordnung. Zuerst zwar fährt der Autor, nachdem er das neue Buch mit der Wahl des Papstes Benedict XI (Oct. 1303) begonnen hat, noch im Zusammenhang der florentinischen Geschichte fort im Jahr 1304, woran sich weiterhin die Beschreibung des Krieges von Florenz und Lucca gegen Pistoja bis zur Eroberung dieser Stadt im April 1306 anschliesst. Von da an aber (Murat. 520 oben), wo der Autor hauptsächlich auf die italienische Reichsgeschichte übergeht und nur stellenweise noch die florentinische einflicht, fehlt häufig jeder äussere wie innere Zusammenhang, bei Vernachlässigung auch der Zeitfolge.[2] Ein

---

[1] K. Hillebrand p. 295. 317. Scheffer-Boichorst S. 170 meint, dem Fälscher habe die Kraft gefehlt, sein Werk mit gleicher Meisterschaft der Kunst zu Ende zu führen.

[2] Ich gebe hier die Uebersicht nach der Folge der Erzählung mit Hinzufügung der Daten: Abfall der Städte von dem Markgrafen von Ferrara, 1305; Ankunft des Legaten Napoleon Orsini in Arezzo und

der Geschichte kundiger Bearbeiter hätte hier leicht eine bessere Ordnung herstellen können; statt dessen hat eine ungeschickte Redaction die chronologische Verwirrung vermehrt, indem sie mehreres in falschen Zusammenhang brachte. Von dieser Art ist offenbar jene verkehrte Anknüpfung der Gesandtschaft des Ludwig von Savoyen an den Aufenthalt König Heinrichs VII in Pisa im Frühjahr 1312, während dieselbe schon zwei Jahre früher stattfand,[1] — ein grober historischer Fehler, den der Zeitgenosse Dino nicht begangen haben kann und mit welchem auch eine vorhergehende Stelle in der Chronik selbst, wo diese Gesandtschaft schon einmal erwähnt worden, kaum in Einklang zu bringen ist.[2]

Ungeachtet solcher mangelhaften Beschaffenheit des letzten Buches der Chronik, besitzt doch gerade dieses in Ansehung des historischen Inhalts am meisten Beweiskraft für die Echtheit des Werkes im Kern und in der Hauptsache, wie uns die Vergleichung mit den anderen Quellen der Zeitgeschichte gezeigt hat.[3]

Ein rechter Kunstkenner, sagt Fanfani, wird nicht ein Gemälde des 16. Jahrhunderts in das 14. zurück versetzen. Ganz

---

Krieg gegen die Florentiner 1307; Aufstand und Tod des Messer Corso Donati, 1308; Wahl Heinrichs VII und Romzug bis nach Genua, 1308—1311; Empörung von Cremona, Anfang, 1312; Gesandtschaft der Florentiner nach Avignon, Anfang 1311; der Legat Pelagrù in Bologna und Krieg von Ferrara, 1309; Ankunft des Legaten in Florenz und Rückkehr nach Avignon, September 1310; Tod des Cardinals von Albano, December 1311, und des Bischofs Theobald von Lüttich, Mai 1312; Tod des Gesandten Pino de' Rossi, 1311 März; des Messer Rosso della Tosa in Florenz, 1309 Juli; Bund der toscanischen Städte und von Bologna gegen den römischen König, 1311 November; Ankunft Heinrichs VII in Pisa, März 1312; Gesandtschaft des Ludwig von Savoyen nach Florenz, 1310 Juli; Kaiserkrönung in Rom, 1312 Juni; Tod des Betto Brunelleschi in Florenz, 1310 December; und des Pazzino de' Pazzi, 1312 Januar.

[1] S. oben S. 33.

[2] Murat. 531 E: ma mandò messer Luigi di Savoja e altri ambasciatori in Toscana. Hier weiss Dino von anderen kaiserlichen Gesandtschaften, welche auf die von Ludwig von Savoyen gefolgt sind; s. oben S. 82.

[3] S. oben S. 73—86.

wohl! Doch die Chronik des Dino Compagni kann nicht für eine Arbeit des 16. Jahrhunderts gehalten werden, sondern ist vielmehr mit einem Bilde Giotto's zu vergleichen, welches der grosse Meister unvollendet hinterliess, und welches, nachdem es lange Zeit vernachlässigt und auch durch das Alter vielfach beschädigt worden, eine spätere Hand zu restauriren unternommen hat. Die Ausführung ist zwar mit einem gewissen technischen Geschick, aber ohne richtiges Verständniss und gebührende Schonung gemacht. Ein falsches Colorit ist dadurch über das ganze Werk verbreitet, manches schlechte Flickwerk hineingetragen, mancher originale Pinselstrich verwischt oder durch irrige Deutung in unrichtige Verbindung gebracht worden.

Wer dieser Restaurator war? Ich weiss es nicht und es kommt fürwahr nur wenig darauf an. Aus der Notiz über den Besitzer der ältesten Florentiner Handschrift, Giovanni Mazzuoli, genannt Stradino, und den, der sie ihm schenkte, Noferi Busini,[1]) ist doch auf weiter nichts als das Alter des Codex mit Sicherheit zu schliessen. Der genannte Stradino lebte um die Mitte des 16. Jahrhunderts, starb 1562. Er war ein Freund der schönen Wissenschaften und schrieb ergötzliche Reime und gelehrte Briefe. In seinem Hause zu Florenz wurde die Akademie gestiftet, welche den Namen degli Umidi führte und aus welcher, unter dem Patronat des Grossherzogs Cosimo, am 25. März 1541, als ihrem Stiftungstage, die berühmte florentinische Akademie hervorging. Salvini, der Verfasser der Consularfasten dieser Akademie, kannte noch andere Handschriften aus der vormaligen Bibliothek Strozzi, welche Stradino in ähnlicher Weise, wie den in Rede stehenden Codex, als sein Eigenthum bezeichnet hatte.[2])

Der Codex Stradino.

---

[1]) S. oben S. 101 Note 2.
[2]) Ich habe diese Nachrichten über Stradino aus Salvini, Fasti Consolari dell' Accademia Fiorentina. Fir. 1717 im Vorwort p. XXIV und aus G. Negri, Istoria degli scrittori Fiorentini. Ferrara 1722 fol. p. 285 geschöpft. Woher Fanfani, Dino vendicato p. 152 f. die seinigen, namentlich über die verschiedenen scherzhaften Beinamen, unter denen der von cronaca scorretta, genommen, hat dieser gelehrte Literarhistoriker nicht für nöthig oder gut befunden anzugeben. Ueber Noferi

Die Jahreszahl 1514, welche sich an zwei Stellen des letzteren am Rand befindet,[1]) scheint die Zeit anzugeben, als er geschrieben wurde, womit auch das Urtheil der Sachverständigen über das Alter der Handschrift übereinstimmt.[2])

Uebrigens ist der Codex ein Sammelband, worin ausser der Chronik des Dino Compagni, welche col. 16—82 ausfällt, noch andere historische Schriften aus dem 15. Jahrhundert zusammengeschrieben sind. Vorausgehen die Lebensbeschreibungen des Lionardo Bruni über Dante und Petrarcha und ein Sonett von Coluccio Salutati: nachfolgen das dritte Buch der Chronik des Domenico Buoninsegni und einige keinere Stücke verschiedenen Inhalts als Anhang. Es sieht dies alles nicht danach aus, als ob der Schreiber des Codex vom Jahre 1514 die Chronik des Dino Compagni erst neu bearbeitet oder verfasst habe; vielmehr ist zu vermuthen, dass die Bearbeitung schon älter war und gleichfalls aus dem 15. Jahrhundert, wie jene anderen Schriften, stammte.[3])

Andere Hss. Nach Fanfani's Versicherung sollen alle anderen Handschriften der Chronik Dino's aus dieser ältesten von 1514 geflossen seien, weshalb er jede weitere kritische Bemühung um den Text für überflüssig erklärt.[4]) Doch fehlt uns von diesen noch jede nähere Kenntniss, da auch in der Ausgabe von Del Lungo, welcher gelegentlich 7 Handschriften verglichen zu haben

---

Busini gestehe ich nichts zu wissen. Der Vorname Noferi hindert an den bekannten Giovanni Batista Busini zu denken, der gleichfalls um die Mitte des 16. Jahrhunderts lebte und Freund des Geschichtschreibers Benedetto Varchi war, an den er die bekannten Briefe dell assedio di Firenze gerichtet hat. Sein Vater hiess Bernardo Busini, s. Mazzuchelli, Gli scrittori d' Italia II. P. 4.

[1]) Bl. 1 und Bl. 84. Der Codex in der jetzigen Nationalbibliothek zu Florenz ist bezeichnet II, VIII, 39, Papierhs. in 4 von 130 Col.

[2]) S. Cesare Paoli in seiner Anzeige des Scheffer-Boichorst'schen Buches, Archivio storico Ital. XX p. 183 und Fanfani Dino vend. p. 151.

[3]) Die genauere Feststellung der Zeit lässt sich allerdings nur aus der Sprache gewinnen, falls sich die italienischen Gelehrten hierüber einigen können.

[4]) Dino vendicato p. 155.

angiebt, der kritische Apparat mit den Varianten fortgelassen ist. Besonders wichtig wäre die Wiederauffindung der Handschrift des Hauses Compagni, aus welcher Muratori einige Varianten angemerkt hat, welche ihre Unabhängigkeit von den übrigen Abschriften zu beweisen scheinen. Die Beschaffenheit des Textes bleibt daher in einzelnen Fällen immer noch zweifelhaft, bis nicht eine bessere Texteskritik vorausgegangen ist, und wie erheblich dies selbst für die Beurtheilung der Echtheit der Chronik sein kann, habe ich oben an einigen Beispielen gezeigt.

— —

Ich fasse schliesslich meine Ansicht dahin zusammen, dass wie stark auch die Echtheit und Glaubwürdigkeit der Chronik des Dino Compagni im einzelnen durch die scharfsinnige Untersuchung von Scheffer-Boichorst erschüttert ist, die Abfassung des Werkes im ganzen, nach Plan und Inhalt, Idee und Ausführung, nicht aus einer späteren Erfindung und Fälschung hervorgegangen sein kann, dass dasselbe vielmehr in der Hauptsache wirklich von Dino Compagni herrührt, aber, weil es unvollendet von ihm selbst geblieben, eine spätere Ueberarbeitung erfahren hat Und mit dieser Ansicht finde ich mich zuletzt in einer gewissen Uebereinstimmung mit dem ehrwürdigen neuesten Geschichtschreiber von Florenz, Gino Capponi, der zwar die Echtheit der Chronik vertheidigt, aber doch gelegentlich, dass sie eine spätere Redaction erhalten, als möglich annimmt,[1]) und in einer entfernteren Berührung selbst mit dem Verächter des Dino, Pietro Fanfani, welcher ebenso gelegentlich die Benutzung von Familienpapieren des Hauses Compagni, also einer wirklichen, vielleicht bis auf Dino zurückgehenden Ueberlieferung durch den Fälscher voraussetzt.[2])

Schlussansicht.

---

[1]) Storia I p. 98 in der Note: laddove il Compagni — dispone sovente male la serie degli eventi, *o furono questi male disposti da chi sopra una informe copia metteva insieme quella istoria.*

[2]) Dino vendicato p. 142: Il contraffatore compilò il suo lavoro sopra ricordi di famiglia scritti chi sa da chi. —

Dino Compagni's Chronik bleibt immerhin eine nicht unwichtige Quelle für die Zeitgeschichte um 1300, wenngleich sie nur mit aller Vorsicht zu benutzen ist, im Hinblick sowohl auf die leidenschaftliche Gemüthsverfassung und den Mangel an historischem Sinn bei dem eigentlichen Autor, als auch auf die Zuthaten und den Mangel an richtigem Verständniss bei dem späteren Bearbeiter. Die Thatsachen, welche die Chronik berichtet, bedürfen wegen dieses zweifelhaften Charakters des Geschichtschreibers wie des Werkes anderweitiger Bewährung; für die Kenntniss der Parteien und Stimmungen der Zeit ist sie nichts desto weniger vortrefflich.